東海仏像めぐり

東海佛像圖鑑

佛像圖解×參拜巡禮，來趟法喜充滿的心靈小旅行！

日本知名佛像插畫家、散文家
田中弘美 Tanaka Hiromi 著
羅淑慧 譯

方舟文化

前言

截至目前為止，我大約出版了六十本書。其中與佛像相關的書籍就多達十餘本。此外，我也很常舉辦關於佛像的演講、講座或導覽活動。

我每個月都會在愛知縣名古屋市的榮町、岐阜縣的大垣市、三重縣的四日市等地的中日文化中心（《中日新聞》下轄單位），舉辦一次「我愛佛像！」的佛像鑑賞講座。在那樣的因緣際會之下，我漸漸對過去較少有機會接觸的東海三縣（即愛知、岐阜、三重）產生了興趣。

後來，我越來越常為了擔任中日文化中心的講師前往東海一帶。**在參拜過許多佛像之後，我總會感到驚訝——這裡竟然有這麼多過去未曾接觸過的出色佛像！**也正因如此，我逐漸迷戀上了東海地方。

二〇一三年五月起，我開始在「中日新聞PLUS請教專家！」的網站上連載〈田中弘美的我愛佛像！〉專欄，參拜了更多東海三縣境內的佛像。

提到古老的佛像，一般人都會聯想到奈良或是京都，但其實東海地方也有許多具有歷史感的美麗佛像；其中一些造型十分特殊的佛像，背後往往隱藏了不可思議的傳說；另外像是寺廟的流變、佛像的冷知識、手持法器的意義等，我也希望能忠實地介紹給各位。

我之所以撰寫這本書，為的就是讓更多人認識佛像之美。**還請大家務必在閱讀本書之後，親身前往東海三縣參訪，充分感受當地佛像的魅力。**

contents

前言 2

佛像的基礎知識 8

愛知縣 18

成願寺（名古屋市）——十一面觀音立像 20

榮國寺（名古屋市）——阿彌陀五臟佛 22

雲心寺（名古屋市）——阿彌陀如來坐像 24

荒子觀音寺（名古屋市）——仁王像 26

淨蓮寺（津島市）——四天王像 28

西光寺（津島市）——地藏菩薩立像 30

尾張國分寺（稻澤市）——釋迦如來坐像 32

善應寺（稻澤市）——大日如來坐像 34

禪林寺（一宮市）——藥師如來坐像 36

圓福寺（春日井市）——十一面觀音菩薩立像 38

成田山名古屋別院大聖寺（犬山市）——新生大佛（阿彌陀如來坐像）40

東光寺（半田市）——弘法大師像（歲弘法）42

淨名寺（西尾市）——觀音菩薩立像 44
西福寺（西尾市）——觀音菩薩立像 46
專長寺（西尾市）——阿彌陀如來坐像 48
三河善光寺（岡崎市）——騎乘馬頭觀世音菩薩像 50
瀧山寺（岡崎市）——聖觀世音菩薩立像、梵天立像、帝釋天立像 52
龍藏院（西尾市）——聖觀世音菩薩坐像 54
金剛寺（蒲郡市）——子安弘法大師像 56
赤岩寺（豐橋市）——愛染明王坐像 58
普門寺（豐橋市）——阿彌陀如來坐像、釋迦如來坐像 60
長興寺（田原市）——聖觀世音立像 62

岐阜縣 64

正法寺（岐阜市）——釋迦如來坐像（籠大佛） 66
法華寺（岐阜市）——兩頭愛染明王坐像 68
慈明院（山縣市）——聖觀音菩薩立像 70
金山寺（各務原市）——十一面觀音菩薩立像 72
宗休寺（關市）——寶冠大日如來坐像 74

瑞林寺（美濃加茂市）——彌勒佛坐像 76
願興寺（可兒郡）——藥師如來坐像 78
長間藥師寺（羽島市）——藥師三尊立像 80
高照山觀音堂（海津市）——八手觀世音菩薩立像 82
圓滿寺（海津市）——釋迦如來坐像 84
明星輪寺（大垣市）——地藏半跏像 86
橫藏寺（揖斐郡）——深沙大將立像 88
千光寺（高山市）——兩面宿儺像 90

三重縣 92

垂坂山觀音寺（四日市市）——元三大師像 94
明福寺（三重郡）——圓空佛 96
竹成大日堂（三重郡）——大日如來坐像 98
林光寺（鈴鹿市）——千手觀世音菩薩立像 100
妙福寺（鈴鹿市）——大日如來坐像 102
神宮寺（鈴鹿市）——深沙大將立像 104
四天王寺（津市）——藥師如來坐像 106

瀨古集會所（津市）——十一面觀音立像 108
寶嚴寺（伊賀市）——十一面觀音立像 110
彌勒寺（名張市）——藥師如來坐像 112
勝因寺（伊賀市）——虛空藏菩薩坐像 114
新大佛寺（伊賀市）——盧舍那佛坐像 116
樹敬寺（松阪市）——地藏菩薩立像 118
常教寺（松阪市）——阿彌陀如來立像 120
朝田寺（松阪市）——地藏菩薩立像 122
近長谷寺（多氣郡）——十一面觀音立像 124
普賢寺（多氣郡）——普賢菩薩坐像 126
田宮寺（度會郡）——十一面觀音立像 128
大日堂（松阪市）——地藏菩薩坐像 130
太江寺（伊勢市）——千手觀世音菩薩坐像 132

結語 134

※本書以「中日新聞PLUS 請教專家！」的連載專欄〈田中弘美的我愛佛像！〉（二〇一三年五月～）為基礎，並於出版前略行編修；全書插畫皆為初次發表。

※本書記載的內容是二〇一八年一月底的資料。相關旅遊資訊等內容可能會有變動，出發前建議先行確認。

田中弘美的我愛佛像！

佛像的原型 釋迦牟尼的一生

釋迦牟尼（Sakyamuni）是印度釋迦族的王子，其母為摩耶夫人（見**摩耶夫人像**）。釋迦牟尼誕生於西元前 6 ～ 5 年左右（見**誕生像**）；16 歲結婚後育有一子；經歷了眾多人生苦難後，他在 29 歲決定出家，捨棄了一切。出家後的他儘管嘗試了包含斷食在內的各種苦行（見**苦行像**），卻總無法得道。最後，他接受了牧牛女蘇耶妲（Sujata）供養的乳糜、恢復了體力，並在菩提樹下進入冥想，終於在 35 歲時頓悟。之後，他在鹿野苑第一次傳授佛法（見**初轉法輪像**）；後續更遊歷印度各地弘揚佛法，並廣納弟子。80 歲時，他橫躺在娑羅樹（Shorea robusta）下圓寂（見**涅槃像**）。

苦行像

描繪釋迦牟尼因苦行而斷食，導致身形消瘦的姿態。

摩耶夫人像

據說釋迦牟尼的母親摩耶夫人，在藍毗尼園（Lumbini）舉手攀折無憂樹（Saraca asoca）的花朵時，釋迦牟尼便從她的腋下出生了。那天是農曆 4 月 8 日，後世便以此為佛誕日。

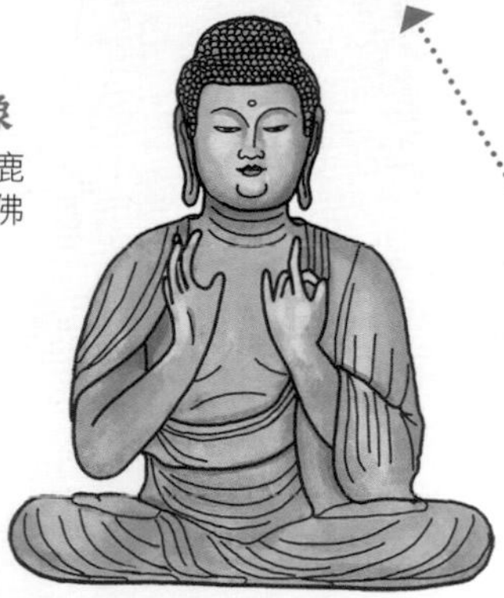

初轉法輪像

此為釋迦牟尼在鹿野苑第一次傳授佛法的姿態。

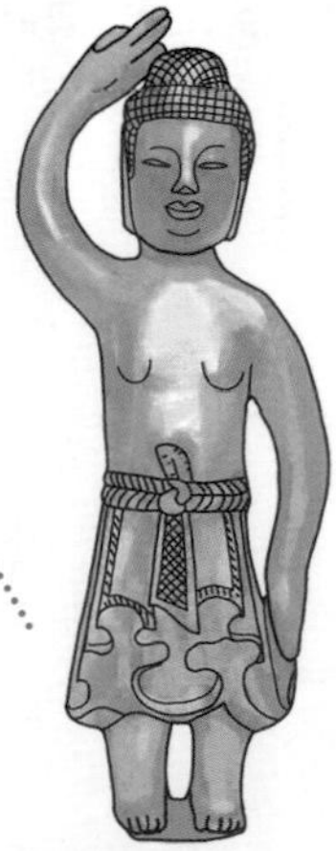

誕生像

釋迦牟尼於 4 月 8 日出生後，馬上邁出七步，右手指天，左手指地說：「天上天下，唯我獨尊。」意即天上地下的生命皆為獨一無二，因此，眾生之命皆具價值且尊貴。

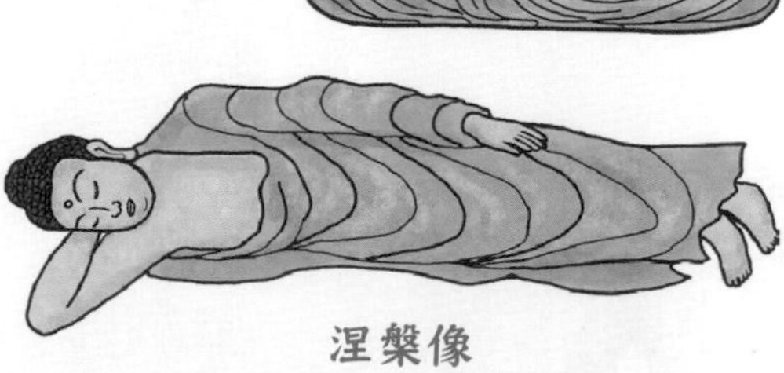

涅槃像

釋迦牟尼於 80 歲時在娑羅樹下圓寂（2 月 15 日），當時有眾多弟子和動物圍繞在側。他以右手做枕橫躺，面容平靜，有如沉睡一般。

佛像的種類與階級

佛像可概略分為如來、菩薩、明王、天人四個階層。除此之外，一般常見的羅漢、高僧、法師像等，儘管是修行中的人類，也可歸類為佛像範疇。

如來

此為已達到開悟最高境界的佛。大多穿著樸素的袈裟，不會穿戴頭冠等配飾。

菩薩

為達開悟而持續修行的佛，多呈現釋迦牟尼仍為印度王子時的姿態，穿戴華美的頭冠和項鍊等配飾，頭髮高高盤起。

明王

明王是如來幻化面貌而來。其外型多為手持武器或蛇、身上背著火焰；猙獰的面貌（忿怒相）是為了訓斥並教化不遵從佛法教誨的人。

天人

天人是各種被納入佛教的印度神，也稱天部、天眾等。天人的最大特徵在於有男神與女神之分，樣貌也各具特色。其任務是守護佛法。

如來的特徵

如來擁有許多異於凡人的特徵（如來三十二相）。例如頭髮呈現藍色、長髮往右捲曲（螺髮）；頭頂有個像髮髻的圓形隆起（肉髻），據說裡頭充滿智慧；額頭則有顆看似白痣的白色捲曲長毛（白毫）；指間長有蹼；身形更有1丈6尺（約4.8公尺）高。

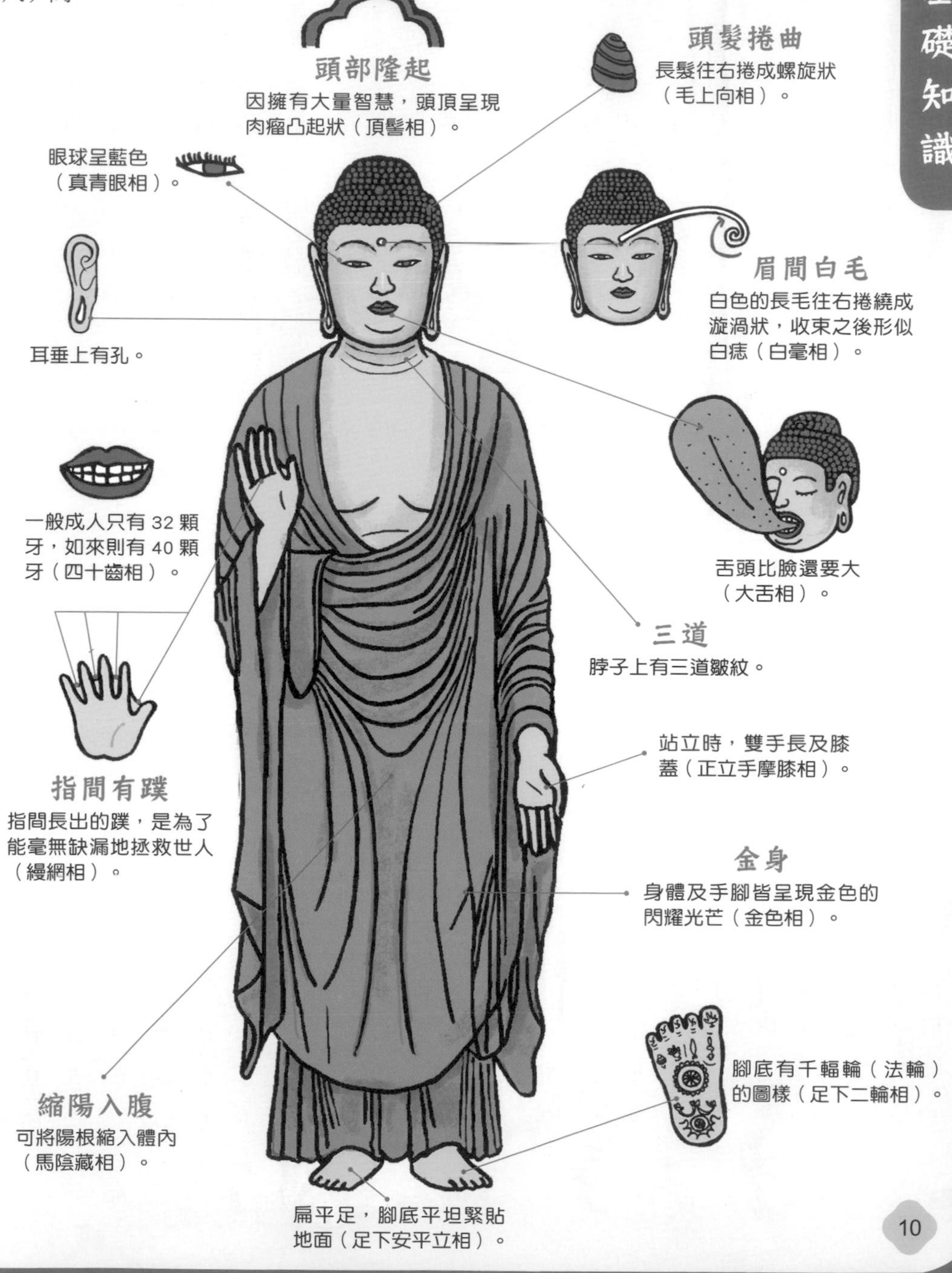
頭部隆起
因擁有大量智慧，頭頂呈現肉瘤凸起狀（頂髻相）。
頭髮捲曲
長髮往右捲成螺旋狀（毛上向相）。
眼球呈藍色（真青眼相）。
耳垂上有孔。
眉間白毛
白色的長毛往右捲繞成漩渦狀，收束之後形似白痣（白毫相）。
一般成人只有32顆牙，如來則有40顆牙（四十齒相）。
舌頭比臉還要大（大舌相）。
三道
脖子上有三道皺紋。
指間有蹼
指間長出的蹼，是為了能毫無缺漏地拯救世人（縵網相）。
站立時，雙手長及膝蓋（正立手摩膝相）。
金身
身體及手腳皆呈現金色的閃耀光芒（金色相）。
腳底有千輻輪（法輪）的圖樣（足下二輪相）。
縮陽入腹
可將陽根縮入體內（馬陰藏相）。
扁平足，腳底平坦緊貼地面（足下安平立相）。

如來的種類與辨識方式

如來的姿態皆以出家修行時期的釋迦牟尼為原型。除了**大日如來**之外，其他的如來身上都只裹著一條簡樸的布衣，既沒有頭冠，也沒有配飾。此外，最初的如來只有**釋迦如來**一種，之後才有**藥師如來**、**阿彌陀如來**等眾多如來登場。

藥師如來

外型與釋迦如來相似，最大特徵是手中拿著藥壺（但現存於奈良的古老佛像中，也有沒拿藥壺的藥師如來）。居住在東方的淨琉璃世界，任務是拯救眾生免於病痛。

釋迦如來

釋迦族的王子，以出家修行時期的釋迦牟尼為原型（其他的如來則以釋迦牟尼為原型）。張開的右手代表「無所畏懼」（施無畏印）；張開的左手代表「傾聽願望」（與願印）。

大日如來

大日如來是密教中居於最高位的如來，被視為「代表宇宙的真理」。雖稱之為如來，祂卻盤髮戴冠、身上還有華麗的配飾，形象鮮明。

金剛界[1] 大日如來

金剛界的大日如來，會在胸前結出如忍者般的智拳印。

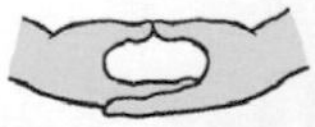

胎藏界大日如來

胎藏界的大日如來，會結出右手疊於左掌心的禪定印。

阿彌陀如來

外型與釋迦如來相似，辨識方式為雙手交疊、拇指與食指相觸的阿彌陀定印。阿彌陀如來住在西方的極樂淨土，負責接引亡者。由於人們深信釋迦牟尼圓寂 2000 年（或說 1500 年）之後，世間便會進入衰頹毀壞的末法時期。因此，虔誠念佛、盼望死後前往西方極樂的淨土信仰，便在平安時代（794 年～1185 年）被大力宣揚，阿彌陀如來也因此廣受膜拜。

1 根據密教的說法，大日如來住在金剛界與胎藏界兩個不同的世界。其中金剛界以「如來無可比擬的智慧」打造而成；胎藏界則「被如來無限的慈悲所包圍」。從不同的手印就能分辨眼前的佛像來自哪個世界。

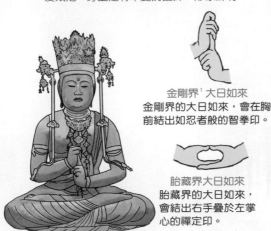

菩薩的種類和特徵

所謂菩薩，是指「為了成為如來而努力修行」的佛。其原型為王子時期的釋迦牟尼，所以外型多為古印度的貴族姿態，戴著頭冠、佩戴項鍊或手環等配飾；除了地藏菩薩是光頭之外，其他菩薩都端莊地盤起頭髮。根據佛教教義，在釋迦牟尼圓寂56億7千萬年後，彌勒菩薩將化為如來，接棒拯救眾生（但迄今尚未到來）；而在釋迦牟尼圓寂後至彌勒菩薩成為如來之前的這段期間，負責解救世人的是**地藏菩薩**。

就和如來一樣，各種不同的菩薩種類也是相繼出現的，例如彌勒菩薩、地藏菩薩、觀音菩薩、文殊菩薩、**普賢菩薩**、勢至菩薩等。值得注意的是，觀音菩薩會配合對方，變身為三十三種不同的姿態（三十三應化身）。例如**十一面觀音菩薩**、**聖觀音菩薩**、**千手觀音菩薩**、如意輪觀音菩薩、馬頭觀音菩薩、准提觀音菩薩等。其中馬頭觀音的表情憤怒可怖，其他的觀音則面容慈祥。

聖觀音菩薩

觀音菩薩會配合對方改變樣貌，此為祂變身前的姿態。

十一面觀音菩薩

頭上有著十或十一張面孔的觀音菩薩，能夠三百六十度地看顧著人世間，解救眾生免於各種苦難。

地藏菩薩

負責在釋迦牟尼圓寂至彌勒菩薩成為如來之前拯救眾生。

千手觀音菩薩

千手觀音的每個手掌上都有眼睛，可向眾生伸出援手、免除世人的苦惱。儘管真的有一千隻手的觀音菩薩像，但一般的千手觀音多為四十二隻手。除了胸前合掌的兩隻手之外，其他的四十隻，每隻手分別拯救二十五個世界，如此便等於有一千隻手。

普賢菩薩

最大特徵是騎乘著白象，大多與文殊菩薩一起作為釋迦如來的脅侍。曾在闡述女人成佛的《法華經》中登場，廣受女性信仰。

明王的種類和特徵

明王是如來的化身，祂們奉行如來的命令，頂著一張兇悍恐怖臉孔，負責教導、拯救那些不遵循如來佛法的人們。除了孔雀明王之外，明王大多有著令人畏懼的臉部表情（忿怒相）、因憤怒而豎立的頭髮、手持武器或蛇。種類有**不動明王**、降三世明王、軍荼利明王、大威德明王、金剛夜叉明王、**愛染明王**等。

不動明王

不動明王又稱不動尊、無動尊。其特徵是右手持劍，左手拿著名為金剛索的投繩；其背後的紅色火炎，可用來焚燒斬斷後的煩惱。

愛染明王

最大特徵為全身火紅、目露凶光，額頭上長了一隻眼睛；頭上則戴著插有五鈷鉤的獅子頭冠。祂的 6 隻手是為了拯救六道輪迴的人；端坐在盛開於寶瓶的蓮花臺上，可庇佑婚姻美滿。此外，由於愛染的日語發音與藍染相同，所以也廣受染物、織物工匠的信仰。

天人的種類和特徵

天人是各種被納入佛教的印度神，有著各式各樣的姿態。男性天人大多是負責保衛佛法的守護神，外型多為武士之姿，例如擔任護衛的**四天王像**、**金剛力士**、**十二神將**；女性天人則有吉祥天女、弁才天女。此外，還有地位崇高的梵天和帝釋天。也有天人外型雖為人類，部分身體卻是動物造型，例如迦樓羅天、歡喜天等。

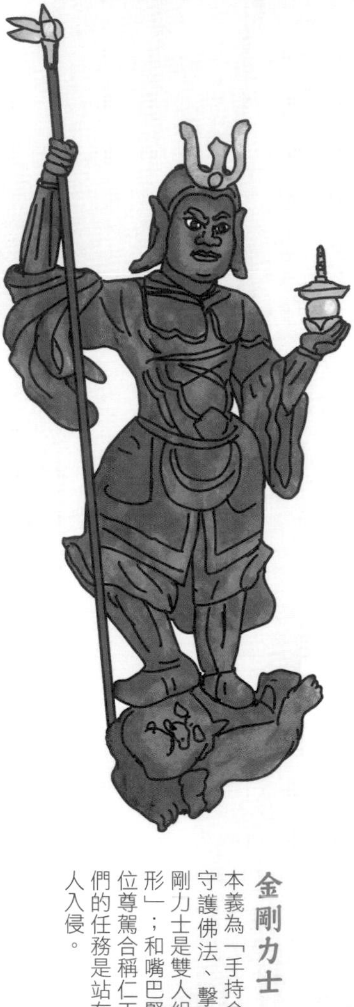

多聞天王

多聞天王（日本稱之為毘沙門天）是四天王之一，常被獨立供奉。相傳在須彌神山的山腰以北一帶守護佛法。外型多為身穿甲冑、手持寶塔、一臉猙獰地踩踏邪鬼的威風模樣。

十二神將

十二神將是藥師如來的護衛，分別依藥師如來的 12 誓願，守護 12 個小時、12 個方位、12 個月分。外型多為穿著盔甲的武將之姿，有些還會在頭上戴著十二生肖的動物頭像。此外，每位尊駕的麾下各自擁有多達 7000 名隨從。

金剛力士

本義為「手持金剛杵的力士」，任務是守護佛法、擊退佛敵[2]。最常見的金剛力士是雙人組合，由嘴巴張開的「阿形」；和嘴巴緊閉的「吽形」組成，兩位尊駕合稱仁王（又稱哼哈二將）。祂們的任務是站在寺院門口戒備，防止惡人入侵。

其他佛像的種類和特徵

高僧、羅漢、垂跡神等，都屬於佛像的範疇。所謂垂跡神，是以本地的垂跡思想[3]為基礎，泛指所有藉著日本神姿態現身的神佛。羅漢是「阿羅漢」的略稱，意為「值得尊敬的修行者」。高僧則包括弘法大師（空海）、傳教大師（最澄）等宗派開山始祖。另外，畢生弘揚佛教的聖德太子像也很常見。羅漢和高僧的共同特徵為粗糙的布衣或僧服。

弘法大師

弘法大師即空海大師，他是真言宗的開山始祖。平安時代初期生於香川縣，之後前往中國留學，學習密教。並在高野山創建了金剛峯寺。

元三大師

元三大師即良源法師，諡號為慈惠大師，他是比叡山延曆寺的復興元祖；又因為其忌日是正月三日，所以又被稱為「元三大師」。此外，由元三大師繪製的神籤被認為具有消災除厄的效力，因此後世也稱之為「除厄大師」。

2 佛敵泛指與佛法為敵的人。日本安土桃山時代（1568 年～ 1600 年）指的是織田信長。信長曾率軍焚燒庇護淺井長政、朝倉義景軍的比叡山延曆寺，寺裡的信眾與僧侶無一倖免，後世便將信長斥為佛敵。

3 垂跡思想產生於日本佛教興盛時期，又稱「神佛習合」。佛教僧侶刻意把日本神明改稱為佛、菩薩的化身，給予兩者平等地位，例如日本神道教的八百萬神便是佛教菩薩的化身。

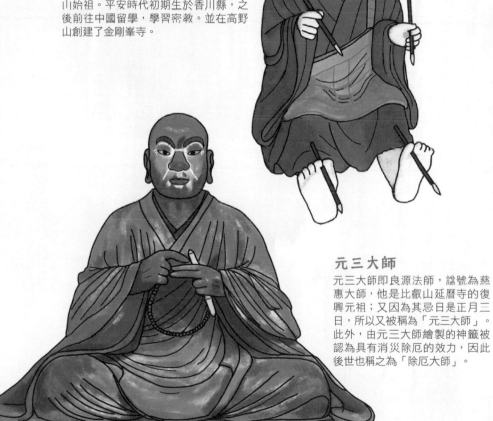

手印是什麼？

手印又稱印相、印契，指修行者在修法時，以雙手與手指所結出的各種手勢。基本上，每尊佛像都有其特定的手印，可藉此辨識祂們的身分。

阿彌陀定印

阿彌陀如來冥想時的姿態。雙手掌心朝上交疊，並將拇指與食指相觸成圓形。

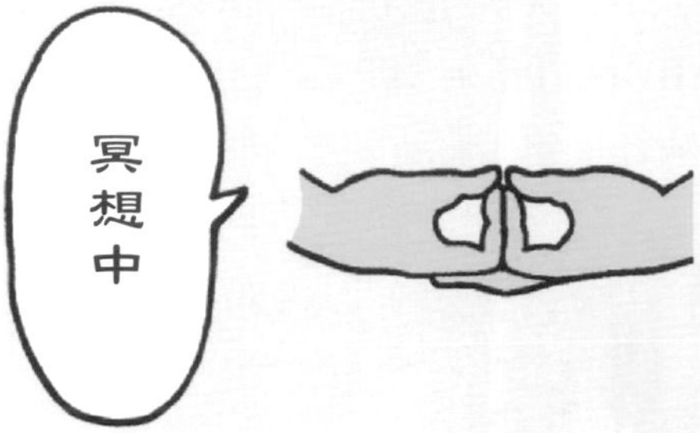

施無畏印

「無須害怕」的意思。施無畏印和與願印常成套出現，是如來特有的手印，尤其以釋迦如來居多。

與願印

「聆聽、實現願望」的意思。

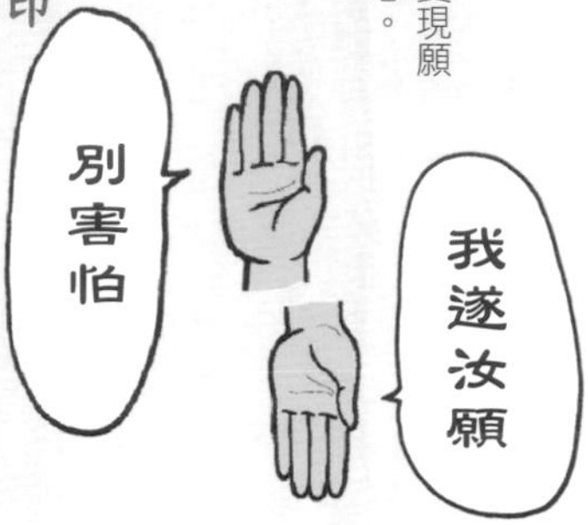

來迎印

代表來自淨土的迎接之姿。以阿彌陀如來居多。

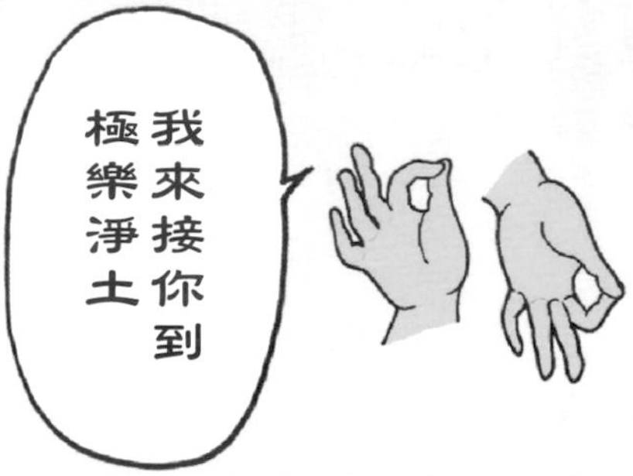

智拳印

象徵無限量的智慧。在胸前舉起左手食指，接著用右手握住。金剛界大日如來特有的手印。

說法印

雙手舉至胸前，中指與拇指相觸，此為釋迦牟尼闡述佛法時的姿態。釋迦如來或阿彌陀如來都會施以這種手印。

禪定印

坐禪時常見的手印，又稱法界定印，代表靜心冥想。胎藏界大日如來或釋迦如來都會施以這種手印。

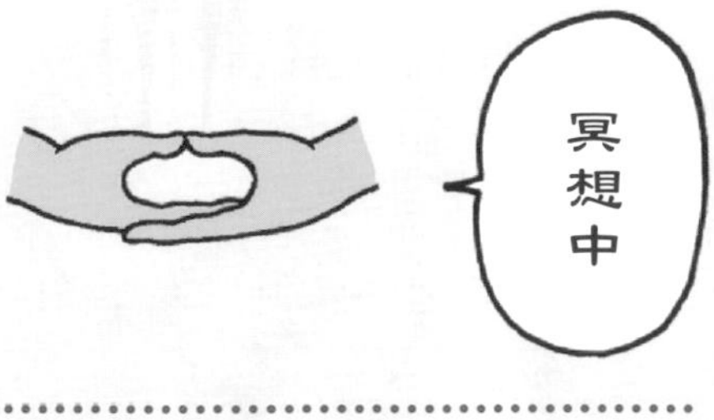

法器的種類和象徵意義

佛像的手中常持有不同的法器，分別象徵各種意義。此外，每位尊駕持有的法器大多是固定的，有助於我們辨識其身分。例如，藥師如來拿的法器是藥壺；不動明王拿的是寶劍和金剛索（投繩）；地藏菩薩拿的是寶珠和錫杖（前端有圓環的手杖）。

金剛索

可束縛煩惱或作為武器使用，也可用來救人。不動明王、千手觀音、不空羂索觀音等持有。

蓮花

蓮花出汙泥而不染，象徵著不受煩惱所困的清淨之心。觀音菩薩持有。

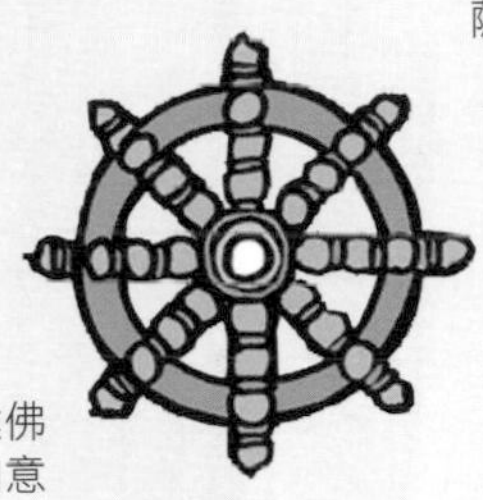

法輪

釋迦牟尼的象徵，旨在傳達佛法有如車輪般快速擴散。如意輪觀音菩薩的重要標誌。

水瓶

瓶裡裝有可實現眾生願望的功德水，不論用得再多都不會減少。多為觀音菩薩持有。

寶珠

可從裡頭拿出世人所有想要的東西、實現所有的願望，又稱如意寶珠。地藏菩薩或吉祥天持有。

藥壺

壺裡裝有可治百病的藥。平安時代之後的藥師如來佛像都會拿著藥壺。

寶塔

塔裡收納著釋迦牟尼的遺骨（佛舍利）。多聞天王持有。

佛珠

正統佛珠有 108 顆串珠，代表消除 108 種煩惱。

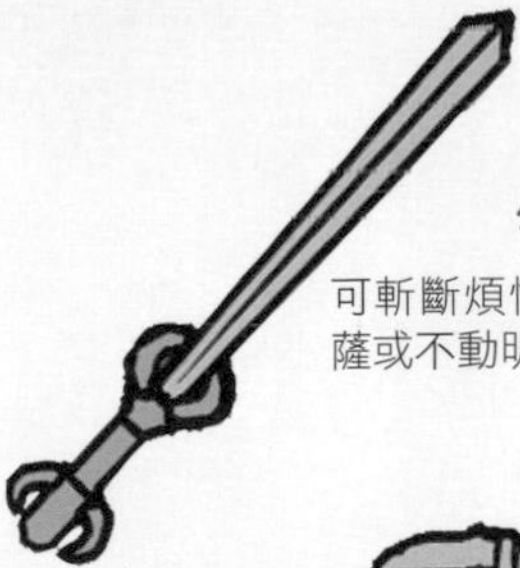

寶劍

可斬斷煩惱。多為文殊菩薩或不動明王持有。

金剛杵

硬度如金剛石（即鑽石）般堅硬，能夠打碎煩惱。多為明王或天人持有。

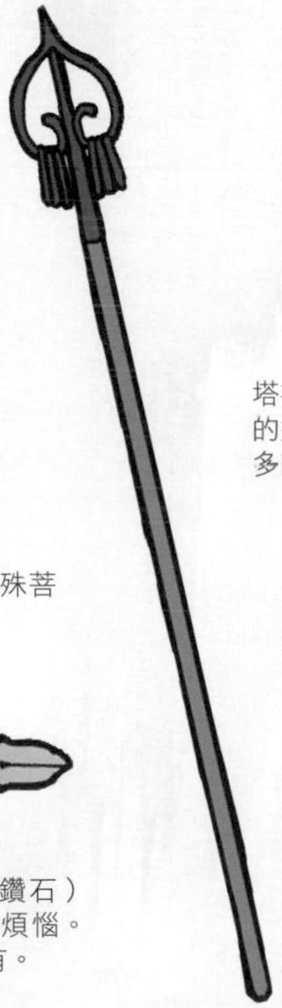

錫杖

一般僧侶或修行者拿著走路的杖。為避免在山野遭受猛禽或蛇等動物的襲擊，行走時會晃動錫杖前端的環並發出聲響。地藏菩薩持有。

愛知縣

很多人不知道，全日本寺院密度最高的地方，正是愛知縣。

此地齊聚了各個時代的佛像，

其中更有許多已被指定為國家重要文化財。

以岡崎市瀧山寺的彩色聖觀音菩薩立像為首，

眾多與鎌倉幕府源賴朝[4]關係深厚的慶派佛像（運慶佛），

這裡都找得到。

4 源賴朝為日本鎌倉幕府首任征夷大將軍。

岐阜縣
愛知縣
三重縣
伊勢灣
遠州灘
成田山名古屋別院
大聖寺
P40
禪林寺 P36
圓福寺 P38
善應寺 P34
尾張國分寺 P32
成願寺 P20
西光寺 P30
淨蓮寺 P28
榮國寺 P22
雲心寺 P24
荒子觀音寺
P26
瀧山寺 P52
三河善光寺 P50
東光寺 P42
淨名寺 P44
西福寺 P46
專長寺 P48
金剛寺
P56
龍藏院 P54
赤岩寺 P58
普門寺 P60
長興寺 P62
名古屋機場
中部國際機場
樽見站
樽見鐵道
往郡上八幡站
往下呂站
往鹽尻站
長良川鐵道
美濃太田站
JR高山本線
中津川站
惠那站
JR中央本線
岐阜站
可兒站
JR太多線
往米原站
犬山站
JR東海道本線
名鐵犬山線
名鐵小牧線
東海道新幹線
往京都站
岐阜羽島站
尾張一宮站
多治見站
高藏寺站
尾張瀨戶站
名古屋站
愛知環狀鐵道
熱田站
JR關西本線
近鐵名古屋線
桑名站
豐田市站
名鐵三河線
大府站
JR武豐線
刈谷站
三河安城站
安城站
東海道新幹線
岡崎站
名鐵常滑線
往長野站
JR飯田線
龜崎站
名鐵河和線
碧南站
武豐站
名鐵西尾線
名鐵名古屋本線
往龜山站
名鐵知多新線
吉良吉田站
蒲郡站
豐川站
豐橋站
豐橋鐵道渥美線
往濱松站
三河田原站
伊勢市站
鳥羽站
0
10km

以慈悲眼神守望地方安危的觀音菩薩

十一面觀音立像

成願寺

愛知縣名古屋市北區成願寺2-3-28
052-981-4530
地下鐵名城線「黑川站」出站後，轉乘「往如意住宅」的名古屋市營巴士，在「中切町四丁目」下車，步行約五分鐘
※參拜需預約

成願寺裡供奉著全名古屋最古老的觀音像。這間寺廟於七四五年由奈良時代（七一〇年～七九四年）的行基大德[5]創建，過去曾是治理尾張國山田郡的豪門望族山田、安食氏的菩提寺[6]，並以山田一族的武將安食重賴的法號「常觀坊隆憲」為名，將此寺命名為「常觀寺」。之後，由於河川氾濫，寺廟遭到沖毀，便由鎌倉時代（一一八五年～一三三三年）尾張源氏的武將山田次郎重忠復興，並將寺名改為「成願寺」。據說就連被拔擢為織田信長的家臣、負責編寫《信長公記》[7]的太田牛一，年輕時也曾在成願寺修行。

成願寺本堂的正中央有個採直線設計的現代化佛龕，裡頭安置著御本尊[8]**十一面觀音立像**。**只要事先以電話預約，寺方就會打開佛龕供信眾參拜**。相傳這尊十一面觀音是行基大德打造，但從雕刻技巧等方面來看，實際製作的時期卻是更晚的平安時代末期。

這尊十一面觀音為一木造[9]，表情溫柔，給人樸質、親切的感覺。長久以來，祂便是以這般慈悲為懷的眼神守望著地方上的安危。其衣飾上有著由粗波紋與細波紋交錯雕刻的翻波式衣紋，呈現豹紋般的圓形花樣。

一旁供奉著平時供信眾參拜的御本尊替身佛像，有著獨特的五官，全身閃著金光。

成願寺將平安時期的佛像供奉在現代化的大堂裡，兩者意外地契合，舒適的參拜空間更是令人流連忘返。

成願寺的本堂前有水面設計，相當時尚且現代化。曾獲頒第 18 屆「愛知 MACHINAMI 建築獎」

替身佛像
十一面觀音立像

平時供信眾參拜的御本尊替身佛像，有著藍色的頭髮，身著漆黑衣裳、全身閃著金光。與御本尊相比，替身佛像的身體偏肥短，大且四方的臉型別具個性。

5 行基為奈良時代的日本僧侶，同時也是著名雕佛師。謚號為行基菩薩、行基大德。奈良東大寺的「四聖」之一。

6 菩提寺是日本的寺廟之一，為埋葬祖先遺骨、憑弔菩提之寺，也稱菩提所、菩提院等。

7《信長公記》為半傳記式的回憶錄，由織田信長的舊將太田牛一編寫，描寫日本戰國時代名將織田信長與其父織田信秀的生平事蹟。全書共十六卷。

8 御本尊為佛教寺院裡最重要的信仰對象，意即主神（佛）。又稱正尊、正佛、主尊等。

9 以單塊木頭雕出整尊佛像的技法；與寄木造（使用數根木材接合佛像的技法）相對。

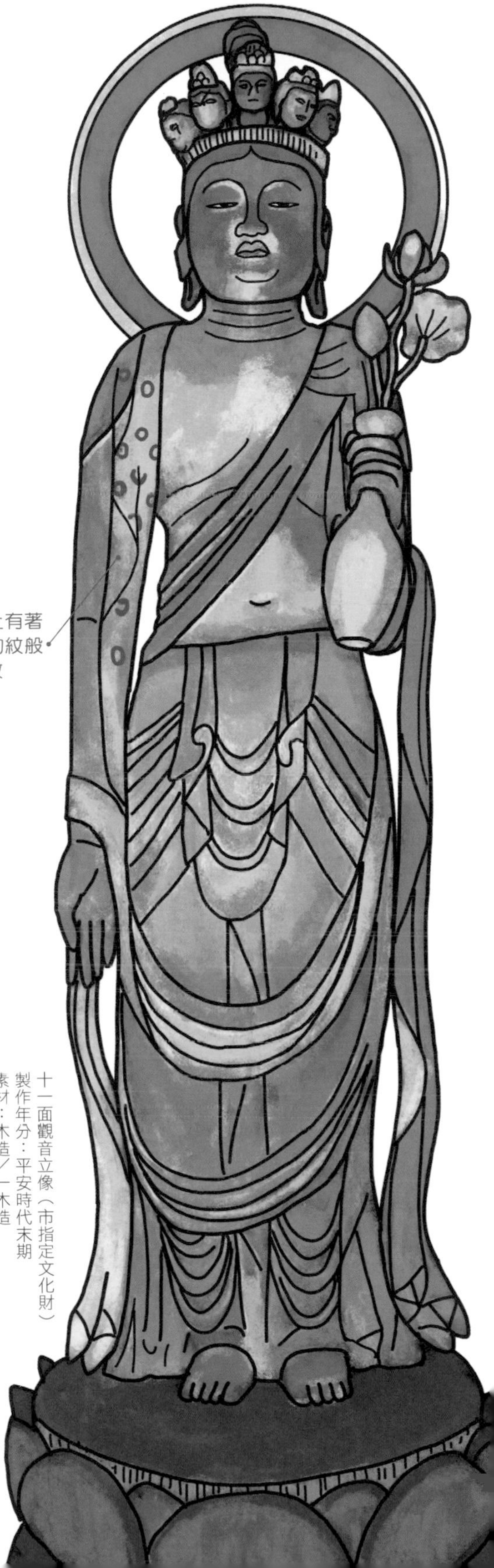

十一面觀音立像（市指定文化財）
製作年分：平安時代末期
素材：木造／一木造
高度：一百六十四公分

淺笑露貝齒、胎內藏五臟的稀有佛像

阿彌陀五臟佛

榮國寺

愛知縣名古屋市中區橘1-21-38
052-321-5307
地下鐵名城線「東別院站」出站後，步行約五分鐘
※切支丹遺跡博物館週一休館

江戶時代，榮國寺一帶被稱為千本松原，是尾張藩[10]用來處決罪犯的刑場，許多切支丹（日本戰國、江戶乃至明治時代初期，對國內天主徒或基督徒的蔑稱）都在這裡遭到處刑。刑場轉移後，為了替受刑者祈求冥福，尾張藩的二代藩主德川光友便在該遺址建造了榮國寺。為此，榮國寺境內收藏了瑪利亞觀音[11]、隱弁天、踏繪[12]等各種切支丹相關資料，並以「切支丹遺跡博物館」的形式對外展示。寺內還有切支丹燈籠、切支丹塚（千人塚）等，過去曾造訪此處的雕佛師（亦為天台宗雲遊僧人）圓空，也在此留下了作品。

榮國寺的御本尊是大型的**阿彌陀如來坐像**，與八事山興正寺的大日如來、熱田區雲心寺的阿彌陀如來並列「名古屋三大佛」。據說德川光友為了安撫受刑者的亡魂，而把原本位在丹羽郡塔之地村（現在的愛知縣丹羽郡扶桑町）藥師寺的阿彌陀如來遷移至此。榮國寺內還留有當時利用大板車搬運阿彌陀如來的圖畫。

話雖如此，榮國寺裡最吸引我的，卻是**阿彌陀五臟佛**。只見祂單腳垂下，坐姿有點粗魯；仔細觀察，祂的胸前還刻有卍字和蓮花。最特別的是，雖然從外表看不到，但從現場展示的照片可知，佛像的胎內是中空的，裡頭收納著木製的內臟模型。此外，這位尊駕的嘴巴微張、淺笑中露出美麗的貝齒，表情溫柔且栩栩如生。更因此被稱為「露齒微笑彌陀如來」，十分稀有。

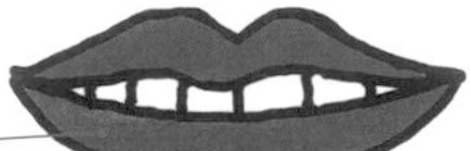

淺笑可見貝齒

胸前刻有卍字和蓮花

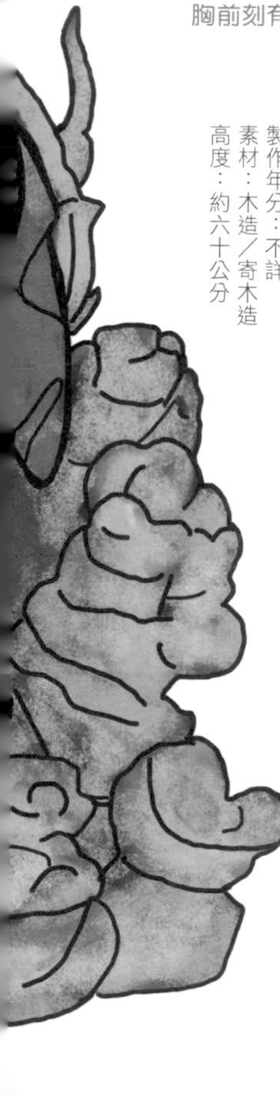

阿彌陀五臟佛
製作年分：不詳
素材：木造／寄木造
高度：約六十公分

10 尾張藩為江戶時代的藩地，江戶幕府的御三家之一。
11 被切支丹當成聖母瑪利亞膜拜的觀世音菩薩像。
12 德川幕府時期發明的儀式，用以探明外人是否為基督徒。由於踏繪有背棄基督教之意，基督教遭禁時，曾下令所有教徒踐踏繪有基督圖像的信物以示叛教，違抗者處刑。

御本尊
阿彌陀如來坐像

縣指定文化財，又稱為「火伏不可思議彌陀」、「火伏彌陀」。據說是因為阿彌陀如來在原本的藥師寺時，附近一帶不曾有過大火；就連二戰期間名古屋遭受空襲，該寺也未曾遭逢祝融之災。

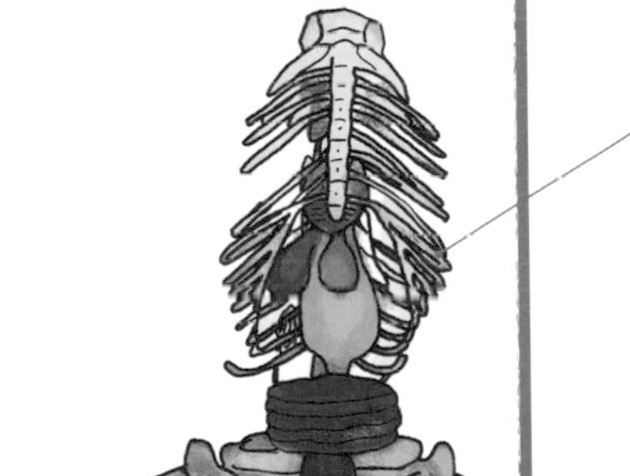

佛像胎內收納著木製內臟模型

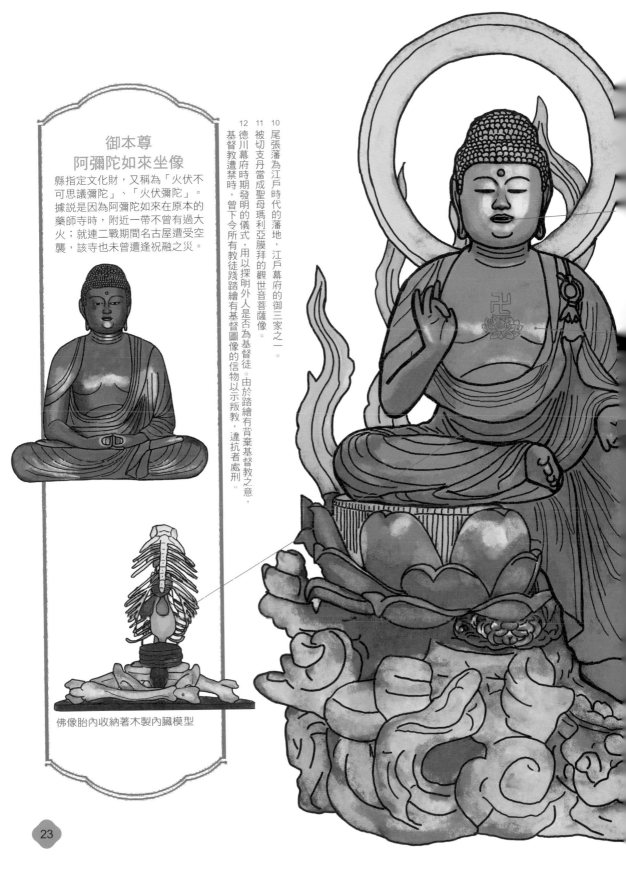

耀眼奪目、高深莫測的名古屋三大佛

阿彌陀如來坐像

雲心寺

愛知縣名古屋熱田區尾頭町3-19
052-671-3570
地下鐵名城線「西高藏站」出站後，步行約四分鐘
※參拜需預約

雲心寺的入口處有座宛如龍宮城般的龍宮門，淨土宗的寺廟很少採用這樣的設計。本堂裡供奉著莊嚴肅穆的御本尊**阿彌陀如來坐像**，手施以拇指和食指相觸的阿彌陀定印，全身被金箔包覆，耀眼奪目，且透露著高深莫測的氛圍。其外型和京都的轉法輪寺裡，被稱為「御室大佛」的阿彌陀如來十分相似。

現在大家看到的雲心寺御本尊阿彌陀如來，打造於一八六二年，出自京都著名的造佛師山本茂祐之手。據說雲心寺最初的御本尊，已被收納在這尊阿彌陀如來胎內。

雲心寺現存的這尊阿彌陀如來，有個不可思議的傳說。第二次世界大戰時，雲心寺的北側有間紡織廠，因燃燒彈攻擊而發生大火。當時學生兵（在持有學籍的狀態下入伍的士兵）以水桶接力滅火，然而，就在大火即將蔓延到雲心寺之際，風向突然改變，不光是寺廟本身得以倖存，就連整座城鎮都免於祝融之災。在這之後，人們便認定這尊阿彌陀如來具有預防火災的神力。

阿彌陀如來的前方放置了二十五朵蓮花，看起來就像是二十五尊菩薩。此外，堂內也設置了好幾座以蓮花臺堆疊而成的曼荼羅燈。

參拜這尊佛像必須事先預約，不過，最近幾年開始，名古屋每逢十一月都會舉辦「那裡有座魅力城市」（あったか！あつた魅力発見市）活動，當年入選的寺院將安排一天特別開放日，可免預約參拜。建議各位出發前先上名古屋市官方網站查詢。

勝軍地藏像

這位尊駕有著漂亮的臉蛋，騎在馬上，穿戴著頭盔和鎧甲，腳上的靴子有著時尚的花紋。除了保佑信眾贏得冠軍或考試及格外，還擁有遠離火災的神力。

阿彌陀如來坐像（市指定文化財）
製作年分：江戶時代
素材：木造／寄木造
高度：兩百四十公分

名古屋市官網

保存了一千兩百多尊圓空佛的名寺

仁王像

荒子觀音寺

荒子觀音寺因隸屬尾張四觀音之一而聞名遐邇，除此之外，寺內存有大量由圓空打造的「圓空佛」，更使該寺聲名遠播。圓空是江戶時代天台宗的雲遊僧人，曾走訪日本各地，打造了大量的佛像。圓空佛的特徵為設計簡潔，表面粗糙、未見拋光，殘留著素樸的刻痕，給人現代雕刻的聯想。

雖說愛知和岐阜兩縣本就殘存了許多圓空佛，但光是荒子觀音寺境內，就有多達一千兩百尊，而這個數字占據了全日本圓空佛（約五千三百多尊）的四分之一以上，相當可觀。

例如，荒子觀音寺正面的仁王門裡，就有兩尊由圓空打造、約三百公分高的大型**仁王像**，分別是嘴巴張開的「阿形」；和嘴巴緊閉的「吽形」（又稱哼哈二將）。稍嫌可惜的是，兩尊仁王像被安置在裝有壓克力板的格扇裡，受到光線反射影響，看得並不真切。

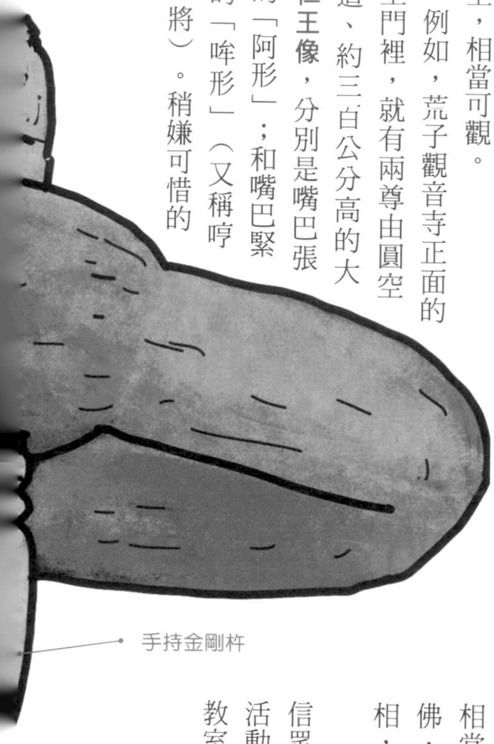

本堂裡也供有圓空佛。面向本堂時，右手邊為釋迦如來；右手邊則是**大黑天像**，兩位尊駕皆全身漆黑，更因為距離外頭有點遠，很難看得清楚。上述佛像皆可直接參拜；其他的圓空佛固定於**每個月的第二個星期六（下午一～四時，參拜費五百日圓），在本坊**[13]**開帳（公開展示）**。

本坊裡展出的圓空佛相當完整，除了初期雕刻得相當細膩的作品，也有後期呈現些許變形之姿的圓空佛，彼此緊密地排列在一起。雖然並未開放攝影及照相，但可用手電筒打燈，也可以繞到佛像背後欣賞。

另外，開帳當天還可親身體驗「圓空佛雕刻」，信眾可在預先刻好身體的木頭上雕刻佛像的五官。體驗活動結束後，還可將木端會（荒子觀音寺的圓空佛雕刻教室）成員雕刻的小型圓空佛帶回家留念，十分超值。

愛知縣名古屋中川區荒子町宮窗138
052-361-1778
地下鐵東山線「高畑站」或青波線「荒子站」出站後，步行約十分鐘

大黑天像

位於本堂的大黑天約 1 公尺高。臉部異常龐大，身體很短。荒子觀音寺對面的和菓子店「MOCHI 觀」（もち観）有售模仿大黑天外型的「圓空大黑天最中[14]」。

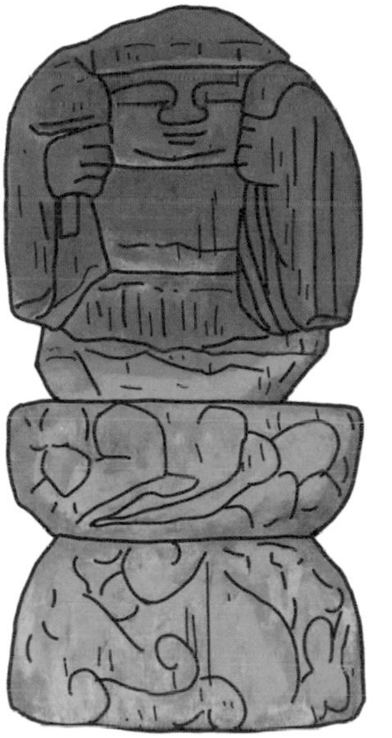

13 本坊為大寺院的僧房，用來處理寺廟事務等。

14 最中是傳統的日式點心，將糯米粉溶於水中桿成薄皮，放入模型中烤製成型，再將紅豆餡填入烤好的外皮中。

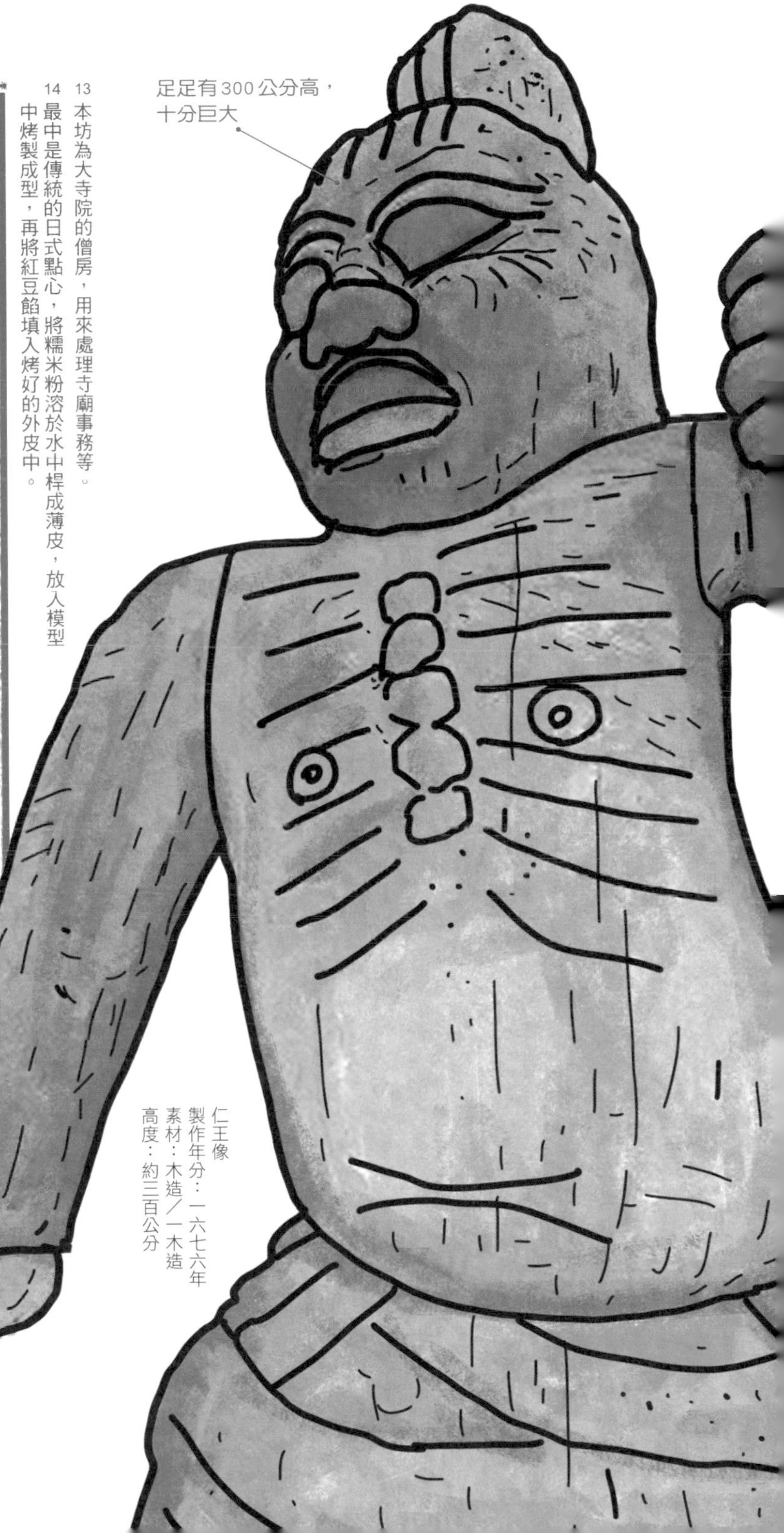

仁王像
製作年分：一六七六年
素材：木造／一木造
高度：約三百公分

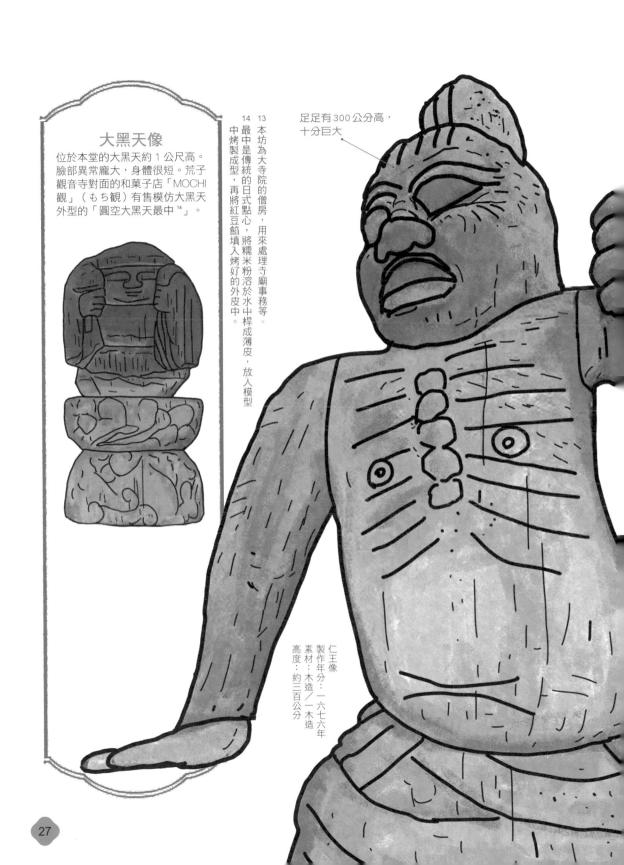

師承運慶流派、姿態各異的四天王像

四天王像 淨蓮寺

淨蓮寺的御本尊是阿彌陀如來。在此要介紹給各位的**四天王像**，則是來自島根縣岩屋寺的客佛，已被指定為愛知縣文化財。四天王像並未供奉在本堂，而是四尊並排地被安置在客室裡，信眾可隔著玻璃參拜。

面向佛像時，最左邊的是**多聞天王**，手持寶棒和寶塔。祂的臉部和手部呈現略暗的群青色，像是受到驚嚇似地瞪大眼睛，十分可愛。四尊佛像當中，只有多聞天王佩戴頭盔。

左邊數來第二尊為**廣目天王**，只見祂遙望著遠方，手上拿著卷軸和筆，把看到的事物記錄下來。臉部是一般的膚色，同時瞇著眼睛、眉頭緊皺，臉色不悅，宛如在沉思一般。據說廣目天王的頭部內，以及四天王的腳榫上都寫有墨筆：「僧侶快圓再次興建

愛知縣津島市東柳原町2-31
0567-26-3080
名鐵津島線、尾西線「津島站」出站後，步行約五分鐘
※ 參拜需預約

增長天王　持國天王

島根縣岩屋寺時，由鹽治泰敏等人委託京都七条佛所（師承運慶流派）的康秀打造佛像，於一五三九年打造了四天王像」。由此可知，這四位尊駕完美承襲了運慶流派的線條與造型。

增長天王扭著腰，右手高舉著寶劍、張著大嘴，氣勢十足。

持國天王同樣也扭著腰，左手拿著武器矛槍，嘴巴大大地張開。每位天王的腹部都繫有鬼咬著腰帶的「帶喰」；只有持國天王的衣袖採用猛獸張開大嘴的「獅嚙」。此外，四位天王的腳下都踩踏著邪鬼，顏色和四天王的臉色相呼應。邪鬼的表情無辜，明明被狠狠踩在腳底下，卻好像一點都不痛的樣子。

淨蓮寺境內還存有各類經藏[15]，名列津島市的指定文化財。這些經藏過去被置於輪藏[16]內，可用轉動的方式檢出經書閱讀。

15 經藏指釋迦牟尼在世時的各種說教，以及諸類被後世佛教徒稱為釋迦牟尼言行的著作。

16 輪藏又稱轉輪藏，指八角形的書棚，附有中心立軸，書棚得以旋轉，進而檢出所需的經卷。

多聞天王

廣目天王

四天王像（縣指定文化財）
製作年分：室町時代（一三三六年～一五七三年）
素材：木造／檜寄木造
高度：持國天王八十三公分、增長天王八十五公分、廣目天王八十五公分、多聞天王八三・五公分

掌心朝上、身著截金衣飾的地藏菩薩

地藏菩薩立像

西光寺

小小的西光寺位在愛知縣津島市的住宅區內，稍微深入隱密之處。供奉在西光寺地藏堂內的**地藏菩薩立像**，則是愛知縣的指定文化財。

這尊地藏菩薩表情嚴肅，手部姿態十分特別。通常，地藏菩薩都是單手拿著寶珠，另一手拿著錫杖。西光寺的這位尊駕，則是雙手彎曲在胸前，掌心朝上。這樣的姿態除了京都六波羅蜜寺裡打造於平安時代的鬘掛地藏（重要文化財）之外，幾乎找不到第二尊。

值得注意的是，這尊地藏菩薩原為供奉在京都市水落寺的水落地藏。西光寺最初位於京都市，在某段時期曾與水落寺合併。到了明治時期，寺裡有很長一段時間沒有住持，御本尊與水落地藏便一同被遷移至津島市，並重新建立了現在的西光寺。

這位尊駕原本已因年代久遠而漆黑，但在歷經修復之後，衣飾上貼著金箔細線的「截金花紋」變得清晰可見，徹底脫胎換骨。修復人員更從其胎內取出了寫有佛經的卷軸、蓋有地藏印的「地藏菩薩印佛」、「泥造地藏菩薩小座像」等，由上述這些文物可知，這尊地藏菩薩大約是在一一八七～一一九三年間打造。實為一尊歷經了各種不同歷史的美麗佛像。

愛知縣津島市米之座町2-8
0567-25-3650
名鐵津島線、尾西線「津島站」出站後，步行約八分鐘
※參拜需預約

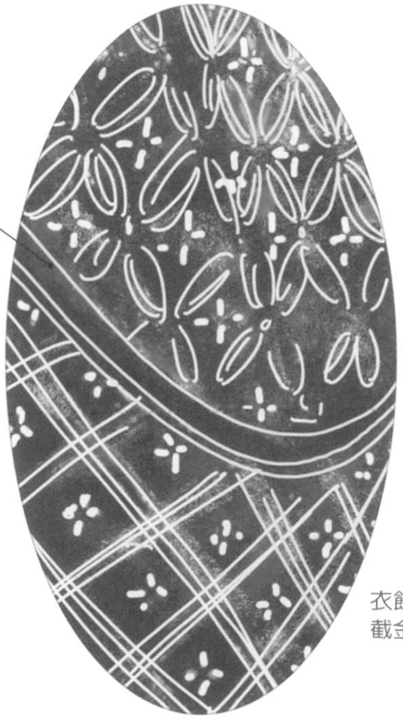

衣飾上貼有美麗的截金花紋

地藏堂內的現代化祭壇

西光寺在修復地藏菩薩立像的同時，也以泛白的木材打造了有著時尚波浪造型的祭壇，室內的燈光也打得十分漂亮，這般現代化的祭壇還真是前所未見。

地藏菩薩立像（縣指定文化財）
製作年分：鎌倉時代
素材：木造／檜葉寄木造
高度：一百六十公分

一次參拜五尊國家指定重要文化財

釋迦如來坐像

尾張國分寺

愛知縣稻澤市的尾張國分寺，起源於一三七五年在舊尾張國分寺遺跡建造的「尾張國分寺堂」。順道一提，舊尾張國分寺遺跡，就位於現在的尾張國分寺往南約一公里的農田中央。

尾張國分寺原名圓興寺，據說曾是平安時代空也上人的修行寺廟，後在一八八六年改名為「國分寺」。收藏庫裡並列著鎌倉時代打造的五尊佛像，皆為國家指定重要文化財。

面向佛像時，位於正中央和右邊數來第二尊的，是戴著頭冠的**釋迦如來坐像**；右二的佛像高六十六公分；正中央的則為一〇三．一公分。兩位當中個頭較高的這位尊駕有著美麗的五官（如插畫所示），特別吸引我的注意。從左邊數來的第二尊，則是創建尾張國分寺的覺山和尚，只見他嘴角朝下，表情嚴肅。

位於祭壇最左邊與最右邊兩端的，則是熱田大宮司[17]夫妻坐像，最右的佛龕裡安置著手施禪定印的丈夫像，栩栩如生，真實感十足；位在最左邊佛龕裡的則為雙手合十的妻子。為什麼明明是夫妻，卻要左右兩邊分開安置呢？真令人費解。而在這五位尊駕的前方，還有個小玻璃櫃，裡頭是一尊由圓空打造的**不動明王坐像**，十分可愛。

尾張國分寺是一間可以一次參拜五尊國家指定重要文化財，以及其他許多美麗佛像的寺廟。附近還有一間矢和觀音廟，因出產可治萬病的井水而聞名。

愛知縣稻澤市矢合町城跡2490
0557-36-2824
名鐵名古屋本線「國府宮站」出站後，轉乘「往矢合觀音」的名鐵巴士，在「矢合觀音」下車即可抵達
※參拜需預約

不動明王坐像

由圓空打造的小型不動明王。一般的不動明王多為右手拿著斬斷煩惱的寶劍；左手拿著可綑綁煩惱、拯救眾生，宛如投繩般的金剛索，不過，這位尊駕手中並沒有任何法器。

17 熱田大宮司為名古屋熱田神社的神職長官，歷代均由藤原季兼的子孫擔任。

釋迦如來坐像（國家指定重要文化財）
製作年分：鎌倉時代末期～南北朝時代（一三三一年～一三九二年）
素材：木造／檜寄木造
高度：一〇三．一公分

別具魅力與個性的獨特佛像

大日如來坐像

善應寺

以尾張國分寺為首，愛知縣稻澤市值得參拜的佛像眾多。例如這間善應寺內供奉的，便是閃耀著漆黑光芒的銅製**大日如來坐像**。

過去，這尊大日如來曾是寺內的御本尊，但在善應寺改宗為淨土宗之後，便被遷移至大日堂的佛龕裡獨立供奉。

這位尊駕打造於室町時代，手施智拳印，代表祂是來自金剛界的大日如來。佛像高度僅五七·五公分，個頭雖然不大，造型卻十分令人印象深刻。儘管因為陳列方式的關係，參拜時只能看到佛像的正面，但臂部附近其實刻有「一五三八年由橫井孫六時勝（當地望族）捐贈，羽黑與次郎宗久鑄造的佛像」等文字。

話雖如此，羽黑與次郎宗久其實是專門製作羽黑（現在的犬山市）梵鐘的鑄鐘師。不知道是不是因為不擅長製作佛像，這尊大日如來的手臂長度偏短，在胸前結出的智拳印也有點笨拙；臉部更是毫無表情可言。話雖如此，這種極具個性的獨特感正是其魅力所在。順道一提，這位尊駕同時也是羽黑與次郎宗久唯一留傳後世的佛像作品。

大日堂平時並未對外開放，**只有每年十月二十八日的祭典時會開門並舉辦法會**。此外，**每年的正月首三日（一月一日～三日）也會開門**，但只能隔著玻璃參拜。除了這尊魅力與個性獨具的大日如來像之外，善應寺境內被修剪成**寶船**[18]**造型的植樹**也令人印象深刻。

象徵無限量智慧的智拳印

愛知縣稻澤市原一色町道上67

0587-36-1727

名鐵尾西線「森上站」出站後，步行約二十分鐘

※僅於每年十月二十八日的祭典和正月首三日（一月一日～三日）開帳

善應寺內修剪成寶船造型的植樹

可以親眼一睹寶船造型的植樹相當令人感激。據說正月時，只要把寶船的照片放在枕頭底下，就可以夢見很棒的初夢[19]。

18 根據日本流傳的神話，七福神會搭乘寶船四處遊歷，船上載滿財寶和福氣，每逢新年就會賜贈好運與財富給信眾。

19 初夢指新年做的第一個夢。按照日本傳統，初夢的內容可預兆未來一年的運勢。

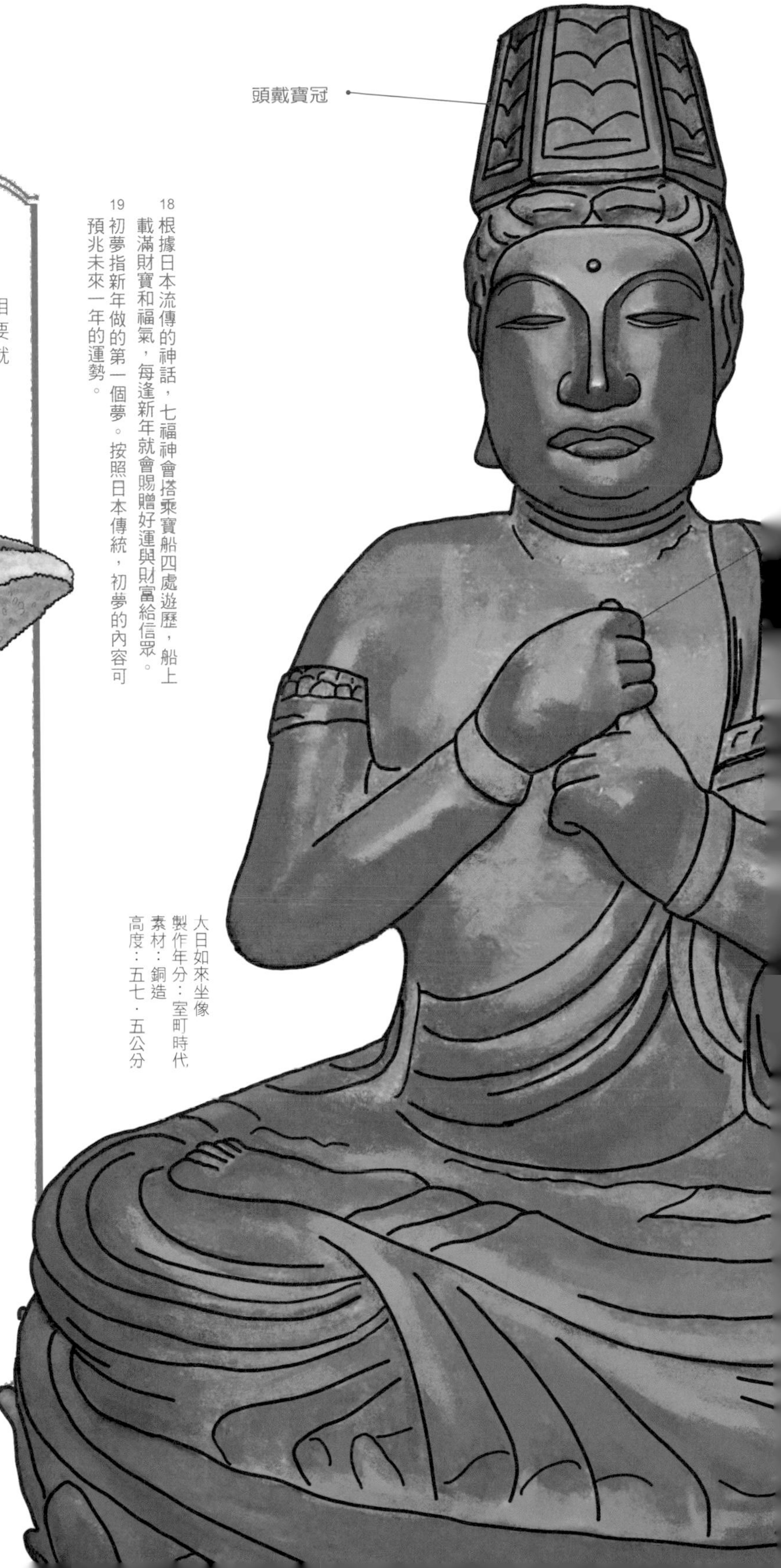

大日如來坐像
製作年分：室町時代
素材：銅造
高度：五七．五公分

眼神柔和、給人無限溫暖的美麗佛像

藥師如來坐像

禪林寺

愛知縣一宮市的禪林寺裡，供奉著平安時代末期打造的**藥師如來坐像**，已名列國家重要文化財。禪林寺是曹洞宗寺廟，也是東海四十九藥師巡禮的十二號巡禮處。附近的淺野公園是戰國武將淺野長政的宅邸遺跡。

九七〇年，藤原實賴[20]亡故，後人在其領土創建大伽藍（僧眾居住的園林），並雕刻了藥師如來坐像以求冥福。之後，一場大洪水沖毀了祀堂，藥師如來也被沖走並深埋沼底，直到一四九七年才被發現，並於一五二五年建造了新的祀堂。

不幸的是，重建後的祀堂慘也遭祝融之災，也正因如此，現存的建物才有著近代化的外觀。寺內的收藏庫位在面向本堂的左手邊，裡頭供有藥師如來、日光菩薩、月光菩薩和**十二神將立像**。**信眾只要事先預約，就可入內參拜**。

據說這尊佛像曾在一四九七年和一六九六年進行修補。儘管整體已顯漆黑，但臉部和身體各處仍有金箔殘留。只見祂眼神垂視，宛如眺望著遠處般的柔和視線，給人無限溫暖的感受。其五官和供奉在京都宇治市平等院鳳凰堂的阿彌陀如來（由定朝[21]打造）十分相似。佛像的手上有後世打造的藍色藥壺，坦白說有點突兀；手指十分修長、漂亮，指間長有蹼（縵網相），可毫無遺漏地拯救眾生；身上的衣紋線條也相當美麗。

愛知縣一宮市淺野前林12
0586-77-0913
JR東海道本線「尾張一宮站」出站後，轉乘「往岩倉」的名鐵巴士，在「淺野公園前」下車，步行約五分鐘
※參拜藥師如來需預約

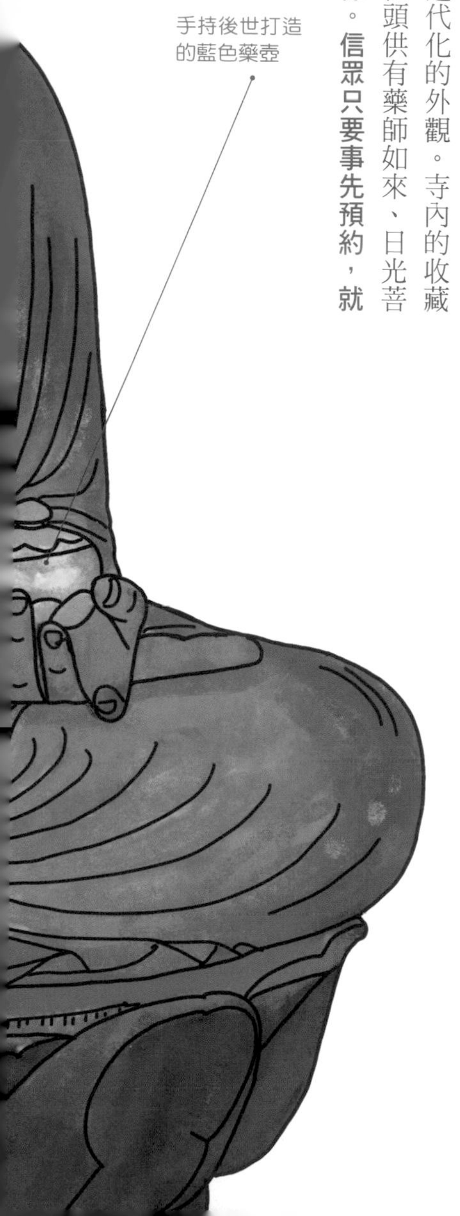

十二神將立像

十二神將是藥師如來的護衛。祂們手持武器、身穿鎧甲；頭上各自載著十二生肖的頭像，略顯無辜的表情十分可愛。

藥師如來坐像（國家指定重要文化財）
製作年分：平安時代末期
素材：木造／檜寄木造
高度：一百二十四公分

20 藤原實賴為日本平安時代公卿。藤原北家出身，藤原忠平的長子。官至從一位攝政關白太政大臣。

21 定朝為著名雕佛師康尚之子，活躍於平安時代後期，擅長寄木造技法。

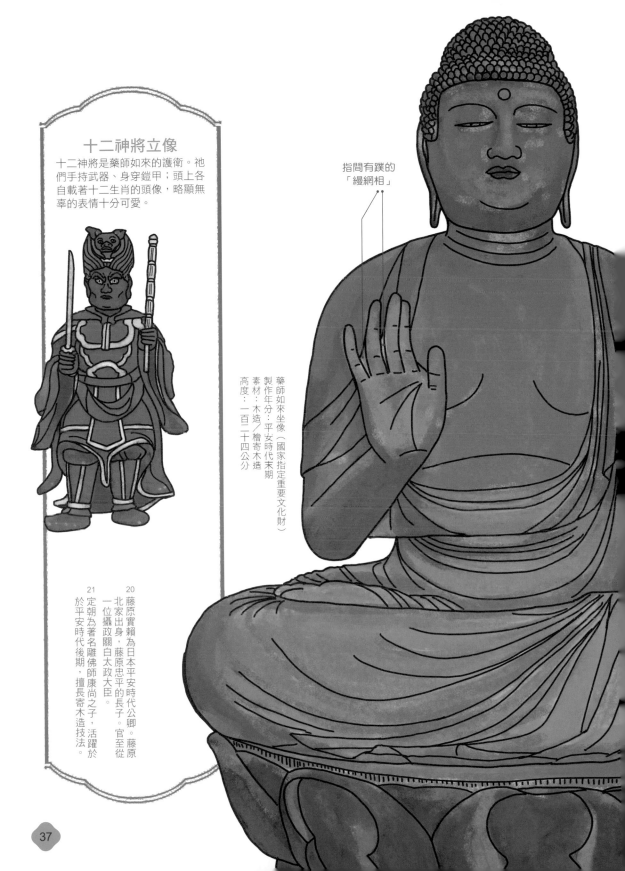

歷經歲月淬鍊的優雅姿態

十一面觀音菩薩立像

圓福寺

愛知縣春日井市白山町9-1-3
0568-91-6500
JR中央本線「高藏寺站」出站後，轉乘「往Colomy」、「往桃花台中心」的名鐵巴士，在「圓福寺前」下車，步行約五分鐘
※每十五年開帳一次

春日井市的圓福寺為天台宗寺廟，其御本尊為供奉在觀音堂內的**十一面觀音立像，每十五年開帳一次**，最近已在二〇一六年四月公開展示。

圓福寺還有個不可思議的傳說，據說因為吃了人魚而活到八百歲的八百比丘尼，便是在此誕生。而圓福寺的觀音堂位在白山山腰上，因此這尊十一面觀音立像又被稱為「白山觀音」。

十一面觀音為祕藏佛像，被安置在觀音堂的佛龕裡。平時，內陣[22]前裝有格柵，很難看得真切；儘管允許拍攝（禁用閃光燈），但佛像前的緞帳仍會造成陰影，因此效果並不好。唯有每十五年一度的開帳日，寺方才會撤掉格柵，供信眾近距離參拜。

這位尊駕除了頭髮塗有少許顏色、雙脣仍保有紅色之外，全身都維持著檀木雕刻（檀像）[23]的素面風格，姿態優雅，儼然是尊歷經歲月淬鍊的美麗佛像。

觀音菩薩兩旁的脅侍為天台宗常見的**多聞天王立像**和不動明王立像。手持寶塔的多聞天王位於面向佛龕的左手邊，高度為一一七．五公分；位於右手邊的不動明王，高度一百一十二公分。兩位尊駕都是室町時代的作品，採用寄木造、雕眼技法，並以色彩加工。

此外，觀音菩薩的「三十三應化身」也被安置在兩側。這三十三位尊駕已於近幾年修復完成，顏色非常美麗。《觀音經》裡寫到，觀音會配合對方，變化成各種樣貌以拯救世人，這三十三應化身就代表著觀音的三十三種變身，而一口氣供奉了觀音三十三種應化身的寺廟相當罕見，相當值得親自拜訪。

保有紅色的雙脣

多聞天王立像

這尊佛像的重點在於多聞天王腳下踩著的邪鬼。明明脖子不自然地扭曲、變形，看起來卻像是用手托著腮幫子，一臉輕鬆的表情，十分有趣。

22 內陣為堂內安置佛像的中央部分。

23 檀像為以檀香樹或苦苓樹等香木雕刻而成的佛像。由於大多數的香木材質堅硬，適合用於細緻的雕刻技法，可表現出獨特的木紋之美，大多不需另外上色。

十一面觀音菩薩立像（市指定文化財）
製作年分：鎌倉時代末期
素材：木造／一木造
高度：一一〇・五公分

頭舊身體新的溫柔大佛

新生大佛（阿彌陀如來坐像）

成田山名古屋別院大聖寺（通稱犬山成田山）

犬山成田山距離名古屋鐵路「犬山遊園站」約十分鐘路程。此寺是千葉縣成田市的大本山成田山新勝寺的別院，正式名稱是「大本山成田山名古屋別院大聖寺」，創建於一九五三年。

犬山成田山是可供信眾在堂外參拜各種佛像的寺廟。通往本堂的樓梯右側安置著許多紅褐色的佛像，分別為五大明王、**八大童子像**。所謂五大明王，指的是不動明王與守護東西南北的四位明王；八大童子則是不動明王的部屬。上述這十三尊佛像，皆於一九五六年時為紀念佛誕兩千五百年（同時也是犬山成田山成立第三年）而奉納於此。這些佛像由混凝土打造而成，出自塑像家淺野祥雲[24]之手。

愛知縣犬山市犬山北白山平5
0568-61-2583
名鐵犬山線「犬山遊園站」出站後，步行約十分鐘

拾級而上之後，一眼就能看見這尊巨大的**新生大佛（阿彌陀如來坐像）**。這尊大佛原本是木村小左衛門[25]為了供養已故的兒子所造，奉納在一宮市內的公園裡。但也因為其以金屬打造的關係，第二次世界大戰時，整座佛像被當成武器原料捐出，戰後只剩頭部完好如初地被發現。

為了安撫戰爭犧牲者的冤魂、祈求和平能永留人間，人們重新打造了佛像的身體，並將之命名為「新生大佛」，於一九五五年奉納於現址。時至今日，祂仍以溫柔的表情看顧著世人。

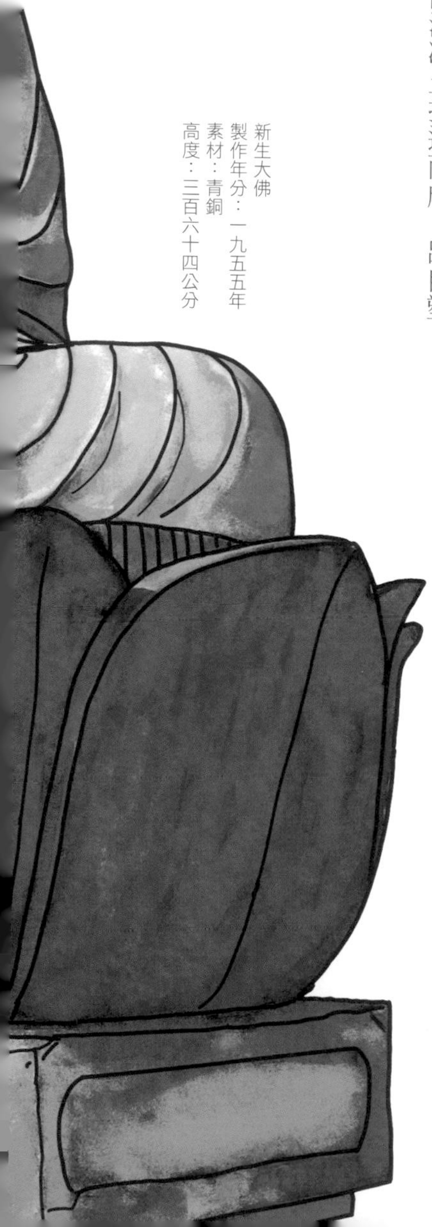

新生大佛
製作年分：一九五五年
素材：青銅
高度：二百六十四公分

童子像

此為不動明王麾下的童子，由淺野祥雲以混凝土打造而成。在愛知縣犬山市的桃太郎神社、日進市的五色園、岐阜縣不破郡關之原 Warland 等處，也可以看到淺野祥雲的作品。

24 淺野祥雲為知名混凝土塑像家，本名淺野高次郎。

25 木村小左衛門為日本大正、昭和時期的政治家。曾任眾院副議長、民主黨幹事長、日本硝子窯業社長。

完整呈現弘法大師一生的歲弘法

弘法大師像（歲弘法）

東光寺

愛知縣內有好幾尊「**歲弘法**」，意即將弘法大師（空海）每個年紀的模樣打造成塑像，藉此紀念其偉大的一生。其中，東光寺的弘法堂裡共有四十五尊歲弘法，打造於一九〇三年，算是比較近代的作品。

東光寺最初位在和歌山，一九〇三年時由農家出身的誠感上人（中村誠感），將寺號和御本尊遷移到此地。誠感上人同時也是位雕佛師，他一共打造了六十二尊弘法大師像。這是因為弘法大師在六十二歲圓寂（一說為六十一歲），因此誠感上人依照弘法大師一～六十二歲的模樣，打造了六十二尊塑像。然而，一九四五年的三河地震造成部分塑像破損，現僅存四十五尊。

仔細觀察弘法堂內的每尊塑像，頭頂都裹著頭巾。詢問住持後才知道，這些頭巾都是由信眾包覆上的。歲弘法以階梯狀分層陳列，祭壇的最高層是孩提時期，當時的弘法大師有點像女孩子，長相清秀；也有描繪弘法大師雕刻佛像的塑像。

其中最引人注意的，是位於最前排，口中咬著筆，雙手、雙腳同時也夾著筆的「五筆和尚」塑像。這是在描繪弘法大師以此姿態寫出五行大字（金木水火土）的傳說。

除此之外，弘法堂正中央的佛龕裡，供有手持五鈷杵的弘法大師像；祭壇上方的棚架，則安置著四國地方共八十八所靈場的御本尊。而在一旁的大師堂裡，也並列著三尊弘法大師像。

一次看到這麼多弘法大師像，就好像拜見了大師一生的故事，可充分感受其滿滿的能量。也有許多信眾會以自身年紀來參拜同年歲的大師像。

愛知縣半田市龜崎月見町3-14
0569-28-2622
JR武豐線「龜崎站」出站後，步行約十分鐘

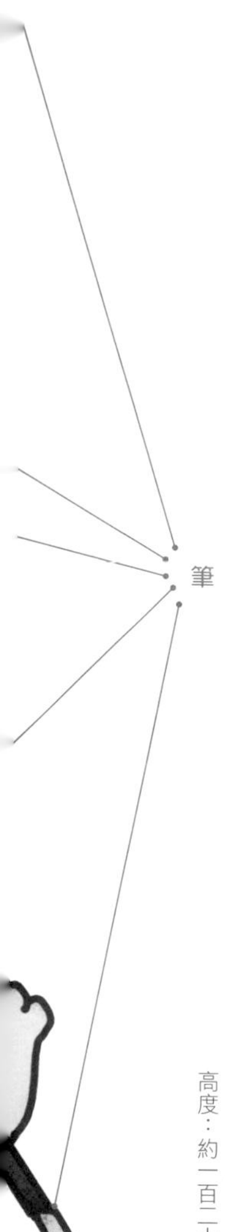

弘法大師像
製作年分：一九〇七年
素材：木造
高度：約一百二十公分

嬰兒時期的弘法大師像

弘法大師像按年齡順序被安置在祭壇上。其中位在最高層邊緣處一尊嬰兒時期的弘法大師塑像，身上包裹著布；明明是個嬰兒，五官卻略顯衰老，看久了還真覺得有點可怕。

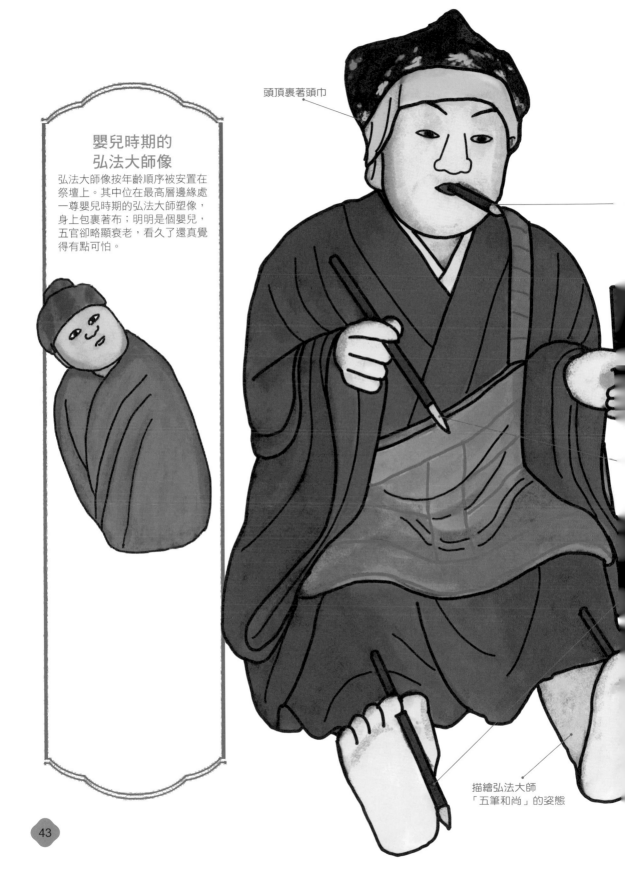

慈愛滿溢，充滿療癒力的立木佛

觀音菩薩立像　淨名寺

雕佛師圓空曾周遊日本全國各地，共雕刻了超過十二萬尊佛像。其中，由圓空打造，有著溫柔臉龐的**觀音菩薩立像**，就在愛知縣的淨名寺。

佛像高度達兩百七十公分，是尊超大型的圓空佛，祂被安置在祀堂中央的佛龕裡，以溫柔的笑容靜靜佇立在此，讓人越看心情越放鬆，充滿療癒力。更特別的是，這位尊駕是直接雕在樹上，隨著樹木成長後再取下的「立木佛」。由於佛像的身體並不筆直，乍看之下就像是稍微往前傾、準備靠向信眾似的，教人備感親切與慈愛。

其實，這尊佛像原本不屬於淨名寺。根據寺傳記載，有位和尚在夢境裡被告知，必須把漂流到碧南市大濱湊（大濱漁港）的佛像。放在寺廟裡供奉；和尚到了港邊一看，便發現了這尊立木佛。寺廟的紀錄中還載明了「明治二年，伊勢國[26]奧坂傳來」等字樣。

回顧這段歷史，在明治初期時，許多佛像以船運的方式，從廢佛毀釋[27]運動十分激烈的伊勢地區，被遷移到三河灣沿岸的寺院避難。想來這位尊駕應該也是其中一尊吧。

26 伊勢國為日本古代的令制國之一，屬東海道，又稱勢州。約為現在三重縣的中央。

27 廢佛毀釋源自一八六八年明治新政府頒布的《神佛分離令》（《神佛判然令》），此令是為了禁止天皇所信從的神道與佛教混合，並將神道教提升至國教地位。後續卻於民間引發一系列的廢佛毀釋運動，造成佛教空前的迫害浩劫。

身體因隨著樹木生長呈彎曲狀

觀音菩薩立像（市指定文化財）
製作年分：一六七四年
素材：木造／楠一木造
高度：兩百七十公分

愛知縣西尾市德永町東側39
0563-59-4135
名鐵西尾線「西尾站」出站後，轉乘「刈宿循環」的名鐵東部交通巴士，在「德永西」下車，步行約三分鐘

刈宿大佛

距淨名寺約 20 分鐘路程有間常福寺，裡頭有尊以混凝土打造、高 7 公尺的刈宿大佛，紅褐色的塗漆十分搶眼，可自由參拜。

身形纖細，表情略顯冷酷的觀世音菩薩

觀音菩薩立像　西福寺

愛知縣西尾市吉良町吉田桐杭27
0563-32-0859
名鐵西尾線、蒲郡線「吉良吉田站」出站後，步行約十分鐘
※參拜需預約

原屬天台宗的西福寺創建於一二五四年，當時為因應鎌倉幕府第五代掌權者北条時賴來訪而建造了這間寺院；一三三一年時，西福寺因戰爭燒毀。據傳之後一直到了一四四四年，才由熱田正覺寺的僧侶重新修復，並改宗為淨土宗。

西福寺境內有座氣派的鐘樓（見本頁插畫），原本位在伊賀八幡宮（岡崎市）裡，由德川第三代將軍德川家光改建而成。後因受制於明治初年的《神佛分離令》，才將鐘樓從伊賀八幡宮遷建至西福寺。最初採用的是檜皮葺[28]，遷建時則改為現在的棧瓦葺[29]。

本堂供奉的**觀世音菩薩立像**是西尾市的指定文化財，**需要事先預約才能參拜**。這位尊駕隸屬三河三十三觀音第二十五號巡禮，更是創建西福寺的北条時賴虔誠祀奉的佛像。祂的身材纖細且優雅；左手拿著蓮花花蕾，右手施以阿彌陀佛的來迎印；臉上有著細長的鳳眼，表情略顯冷酷，有種莫名的吸引力。

西福寺裡的氣派鐘樓

脅侍觀音菩薩坐像

這尊觀音菩薩比著宛如勝利的V手勢，十分少見。祂是西福寺御本尊阿彌陀如來坐像的脅侍之一（另一位脅侍為勢至菩薩），三位尊駕都閃耀著金色的光芒。

28 檜皮葺為採用檜木樹皮葺蓋屋頂的建築技法，一般用於宮殿、神社的高等級建築物。

29 日式屋頂的瓦葺分為本瓦葺、行基葺、棧瓦葺三種，其中棧瓦葺是比較常見的技法。

觀音菩薩立像（市指定文化財）
製作年分：不詳
素材：木造／漆箔
高度：約一百公分

歷經多次修繕，莊嚴與美麗兼具的佛像

阿彌陀如來坐像　專長寺

專長寺創建於一四七一年，屬於淨土宗西山深草派的寺院。而在三河灣吉良吉田港這一帶，還有很多深草派的寺廟。

專長寺本堂的內陣中央，端坐著表情剛毅莊嚴的御本尊**阿彌陀如來坐像**，手施將拇指、中指連在一起，雙手舉至胸前的說法印，十分少見；身後的光背也相當美麗。仔細一看，光背外側上刻有九尊佛像；光背內側的圓形圖樣裡還寫有梵文，已名列國家重要文化財。

這尊阿彌陀如來原本安置在京都的遍照心院大通寺。鎌倉幕府第三代將軍源實朝遭到暗殺後，他的妻子便出家修行，法名為本覺尼，她為了供養丈夫的亡靈而修建了遍照心院大通寺，據說這尊阿彌陀如來便是當時的舊本尊。此外，還有另一個說法，據說這是由知名雕佛師運慶打造的佛像。

而在這之後，因為一連串的因緣際會，這位尊駕在一八七四年成了專長寺的御本尊。據說當初將佛像以貨船從京都運送至此地時，一度誤送到「吉田」，而非「吉良吉田」。該貨船的貨籤更在一九九〇年進行佛像拆解修理時從底座被取出，現仍展示在本堂的角落。

除此之外，過去在江戶時代慶長二年（一五九七年）修理時，原本放進佛像胎內空洞，用以補強結構的木框，現在也已經取出，放在外頭展示。

根據佛像胎內文件記載，這位尊駕除了慶長二年的修整外，享保十七年（一七三二年）也曾進行修繕。歷經了如此多次修整，可見這尊佛像已臻完美境界。

愛知縣西尾市吉良町吉田齊藤久100
0563-32-0671
名鐵西尾線、蒲郡線「吉良吉田站」出站後，步行約五分鐘
※參拜需預約

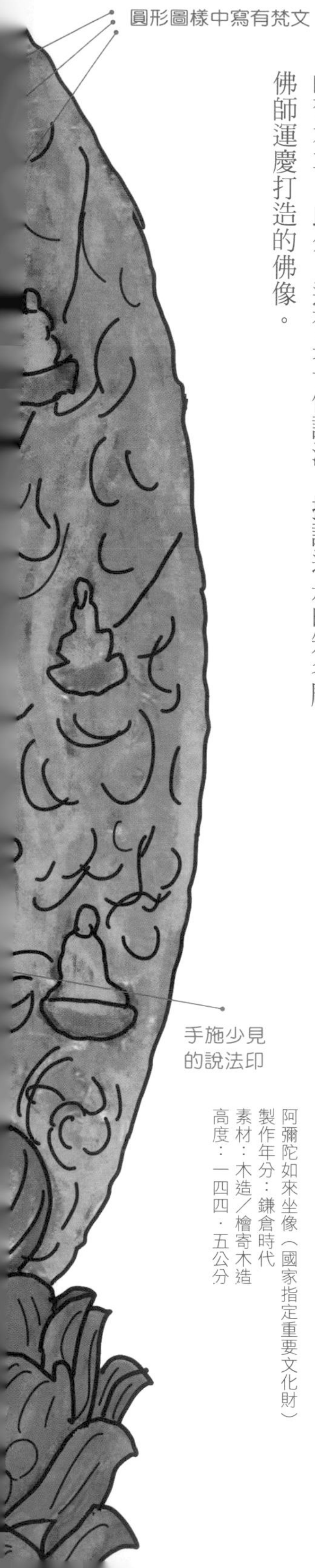

阿彌陀如來坐像（國家指定重要文化財）
製作年分：鎌倉時代
素材：木造／檜寄木造
高度：一四四．五公分

阿彌陀如來立像

這位尊駕有著銳利的眼神、精緻的五官，衣服的線條也很漂亮。原是附近東林寺的御本尊，而在該寺廢寺之後，便被移來專長寺供奉。據說可能是鎌倉時代慶派雕佛師快慶[30]的作品。

30 快慶為鎌倉時代的佛教徒與藝術家、慶派佛師，擅常佛教藝術創作，作品圖案細膩，極具表現性。

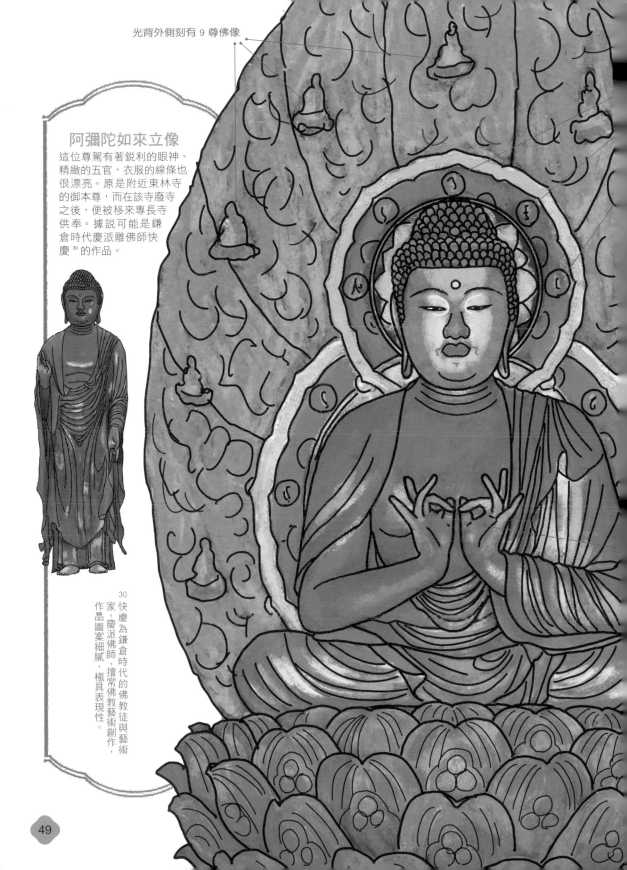

身騎白馬走三關的馬頭觀世音菩薩

騎乘馬頭觀世音菩薩像

三河善光寺

三河善光寺的本堂建造於江戶時代初期，後於江戶時代末期遷移至現址。寺內供奉的**騎乘馬頭觀世音菩薩像**為祕藏佛像，**每十二年開帳一次**。最近已於二〇一五年四月公開展示。

這尊騎乘馬頭觀世音菩薩像長了三張臉（皆為可怖的忿怒相）、八隻手臂，額頭上還有眼睛；高度僅五十五公分，小小的尺寸十分可愛。根據佛教教義，馬頭觀音會像馬兒吃遍野草那樣，幫助眾生吞噬所有的痛苦、煩惱；可保佑旅行安全、救援動物，並拯救落入畜生道的人。值得注意的是，一般的馬頭觀音都是把馬放在頭頂上，但三河善光寺的這位尊駕卻是直接騎在馬背上，彷彿能以這般威風凜凜的姿態跨越所有的難關。

據傳奈良時代的雕佛師行基大德，曾用一根杉木雕出七尊觀音像，這尊馬頭觀音便是其中一尊。另個傳說則是，這位尊駕原本也和其他的馬頭觀音一樣，把馬放在頭頂上，但某次大洪水來襲，整座本堂都被沖走，觀音騎著頭頂上的馬才得以從洪水中脫困，而在這之後，這尊佛像便呈現「身騎白馬」的稀有姿態。

還有一個與義經[31]有關的傳說。義經在投靠奧州平泉的藤原秀衡時，曾在途中的矢作之里（現在的岡崎市矢作町）被淨琉璃姬的琴音所吸引。兩人雖然彼此相愛，但義經還是毅然前往奧州。淨琉璃姬因為過分思念義經，最後投河身亡。為了紀念淨琉璃姬，義經便在此地安置了這尊馬頭觀音。更因為這個傳說，人們相信這位尊駕具有成就良緣、戀愛等的神力。

根據實際參拜的經驗，佛像全身閃耀著金色耀眼的神聖光芒，似乎只要虔誠膜拜就能得到庇佑。

愛知縣岡崎市久後崎町鄉西37
0564-51-4388
名鐵名古屋本線「東岡崎站」出站後，步行約七分鐘
※每十二年開帳一次

御本尊
善光寺式三尊像

寺內的御本尊為善光寺式三尊像（阿彌陀如來、觀音菩薩、勢至菩薩）。所謂善光寺式，指的是「共用一個光背的三尊佛像」，意即「一光三尊」。現在的住持曾在 2007 年時，向長野的善光寺取得供奉分身的許可，整間寺廟也因此成為「三河善光寺」。

31 義經為日本平安時代末期，出身於河內源氏的武士，也是知名將領，曾任左衛門少尉兼檢非違使（俗稱判官）。

騎乘馬頭觀世音菩薩像
製作年分：七一七年
素材：木造
高度：約五十五公分

全東海最美的三尊彩色佛像

聖觀世音菩薩立像、梵天立像、帝釋天立像

瀧山寺

因鬼祭（火祭）而聞名的瀧山寺，創建者是被後世視為修驗道[32]始祖的役行者[33]，據說這是為了安置他在瀑布下撿到的藥師如來所為。到了鎌倉時代，源賴朝的堂兄寬傳上人成了瀧山寺的僧侶，賴朝更是此寺的虔誠信徒。在賴朝亡故之後，寬傳上人便請雕佛師運慶、湛慶父子，在賴朝的三次忌（第三年的忌日）時打造了**聖觀音菩薩像**、**梵天立像**、**帝釋天立像**。

這三尊佛像現在被安置在瀧山寺的寶物殿，聖觀音立像居中，梵天立像和帝釋天立像一左一右地站在兩側，信眾可近身觀賞，也可繞到其背後細看。

據說這尊聖觀音立像的高度與賴朝的身高相同，扣除底座後有一百五十五公分。更引人注意的是，以X光拍攝聖觀音後，發現其頭部裡有個小小的收納箱，據說裡頭裝了賴朝的牙齒和頭髮。

到了江戶時代末期至明治時代期間，這三尊佛像被塗上了色彩，聖觀音和梵天的肌膚雪白豐潤、衣著豔麗；閃著金光的帝釋天則給人莊嚴、高貴的視覺感受。從沒想過佛像也可以這麼適合被塗上色彩，呈現出完全不同的美感。若說這三位尊駕是全東海最美麗的佛像，相信應該不會有人反對吧。

聖觀音立像的左手拿著蓮花，右手指尖則稍微往前輕觸著花瓣，儘管從正面看來頗為女性化，但從側面望去，其身材分量十足，給人十分可靠的印象。真不愧是出自運慶木人之手的帥氣佛像。

愛知縣岡崎市瀧町山籠107
0564-46-2296
名鐵名古屋本線「東岡崎站」出站後，轉乘「往大沼」的名鐵巴士，在「瀧山寺下」下車，步行約三分鐘

據說頭部的收納箱裡裝了賴朝的牙齒和頭髮
聖觀音的高度與源賴朝等身大，有一百五十五公分

聖觀音立像

三尊佛像皆為國家指定重要文化財
製作年分：鎌倉時代
素材：木造／彩色
高度：梵天立像一〇六．五公分、聖觀音立像一七四．四公分、帝釋天立像一〇四．九公分

帝釋天立像

32 修驗道為日本宗派名，主旨以修持咒法、證得神驗為本義，故強調跋涉山林、苦修練行。也稱修驗本宗。

33 役行者為日本修驗道之開祖，飛鳥時代（五九二年～七一〇年）至奈良時代的知名咒術師，世稱「役小角」，又稱役優婆塞、神變大菩薩。

足以包容一切的溫柔笑容

聖觀世音菩薩坐像

龍藏院

愛知縣西尾市西幡豆町北之入17
名鐵蒲郡線「西幡豆站」出站後，步行約三十分鐘
※每七年開帳一次

龍藏院的觀音堂裡安置著**聖觀世音菩薩坐像**、**不動明王立像**、**多聞天王立像**，三位尊駕以三尊的形式被奉為御本尊。位在正中央的聖觀世音菩薩坐像，據傳是由奈良時代的雕佛師行基大德打造，且其原料和同樣位於西尾市內的大山寺「三根觀音」可能是同一塊木材。但實際調查之後發現，龍藏院的這尊聖觀音菩薩打造於平安時代末期，底座和板背光也幾乎是在同個時代打造，要比三根觀音還要晚上許多。

這位尊駕左手拿著蓮花的花蕾；身上的寶冠、宛如項鍊般的瓔珞，皆為後世以金屬修補而成。圓圓的臉龐十分光滑，上頭掛著溫柔的笑容，彷彿足以包容一切。兩旁的脅侍不動明王、多聞天王同樣打造於平安時代，可惜已有嚴重損傷。

值得注意的是，這尊佛像**每七年開帳一次**，最近已於二〇一七年三月二十六日公開展示，為期一週。下次的開帳日則在二〇二四年。

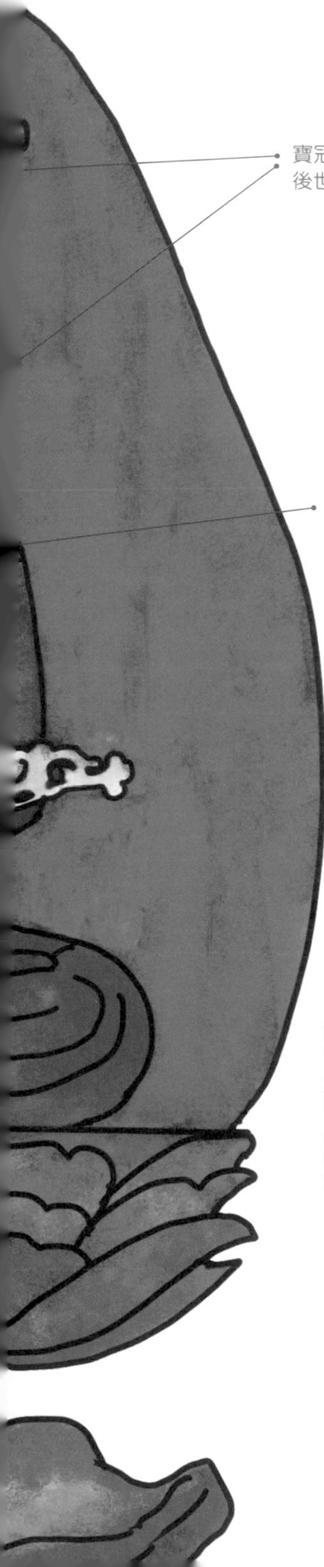

聖觀世音菩薩坐像（市指定文化財）
製作年分：平安時代末期
素材：木造／一木造
高度：九四．五公分

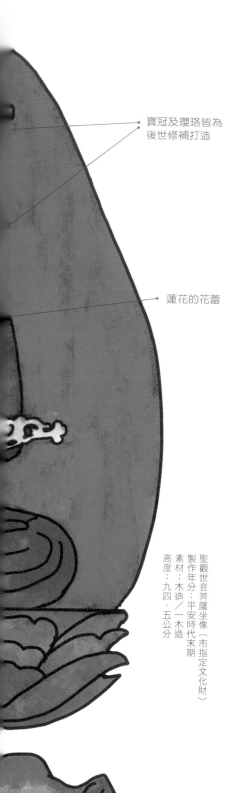

多聞天王立像和不動明王立像

兩位尊駕皆打造於平安時代。面向佛像時，右側是多聞天王，高 80 公分；兩隻手臂、肩膀以下都已損毀。不動明王位於左側，右肩以下、左手肘以下損毀。

全東洋第一大的弘法大師像

子安弘法大師像

金剛寺

愛知縣蒲郡市三谷町南山14
0533-69-7379
ＪＲ東海道本線「三河三谷站」出站後，開車約七分鐘。或從ＪＲ東海道本線「蒲郡站」，開車約十五分鐘

這尊手裡抱著孩子、既巨大又壯觀的**子安弘法大師像**，位於標高一百公尺的弘法山頂，即便從遠處眺望也能清楚看見。

金剛寺是高野山真言宗的寺廟，其山號是三谷弘法山，總本山為高野山金剛峯寺，並以弘法大師（空海）為宗祖。金剛寺裡的御本尊正是子安弘法大師，通稱「三谷的弘法」。

子安弘法大師像由高度三十公尺的鋼筋混凝土打造而成，塑像本身有一八・七公尺（六十二呎）高，底座則有七公尺，和其他的大師像相比，這位尊駕無疑是「全東洋第一大」。由於弘法大師在六十二歲圓寂，因此這尊塑像便被做成六十二呎；其右手的錫杖有二十二公尺；左手抱著的孩子（與其說是小孩，實際上更像和尚）也有五公尺。明明手裡抱著孩子，弘法大師的表情卻十分嚴肅；站在祂的面前，便可深刻感受其宏偉。此塑像在一九三四年由信眾發願打造而成，工期足足有五年之久，並在一九三八年的春天開眼（開光）。

據說弘法大師在四國八十八處所修行期間，曾在山腳下碰到一名正為難產受苦的女性，大師見狀後，便以祕法加持祝禱，最終幫助產婦順利產下孩子。這尊子安弘法大師像就是在描繪這個傳說。因此人們相信前來參拜便能庇佑孩童平安、產婦順產。

除此之外，金剛寺境內還有全日本規模最大的轉經塔。塔內收納了巨大的轉經筒，每轉動經筒一次，就等於誦讀了一遍內藏經文。

全日本最大的轉經塔

子安弘法大師像
製作年分：一九三八年
素材：鋼筋混凝土
高度：約三十公尺

白壽觀音立像

金剛寺內還供奉著白壽觀音立像。所謂白壽是指 99 歲。因為 99 等於「百」字拿掉「一」，用中文字來看就是「白」。白壽觀音腳邊坐著一對捧著蓮花的老夫妻，據說參拜過後就可得到長壽的庇佑。

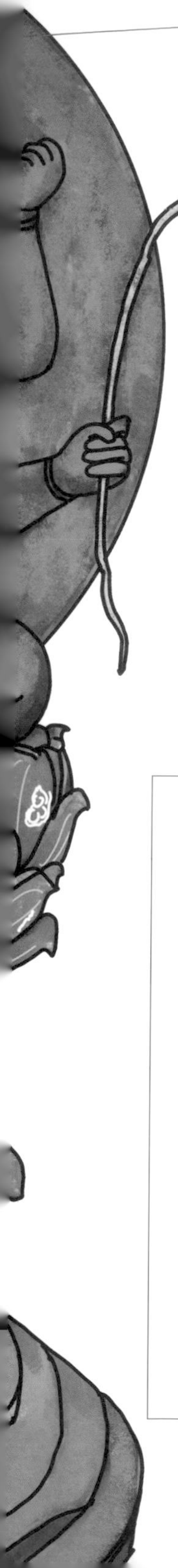

長相稚嫩的愛染明王

愛染明王坐像

赤岩寺

根據赤岩寺的寺傳記載，該寺在奈良時代由行基大德開創，之後在平安時代前期由弘法大師（空海）的弟子復興，成為真言宗的寺廟。鎌倉時代，源賴朝命令守護三河國[34]的安達盛長[35]重新修整赤岩寺堂宇，並將其列為三河七御堂之一，藉此擴大勢力。時至今日，寺內的收藏庫裡供奉著**愛染明王坐像**，已名列國家重要文化財，**信眾只要事先申請，就可入內參拜**。

這尊愛染明王有六隻手臂，分別拿著五鈷鈴、五鈷杵、弓、箭和蓮花，剩下的一隻手緊握著拳頭。儘管表情憤怒，圓潤稚嫩的臉龐仍十分可愛。祂的額頭上也長了眼睛，三隻眼睛都是水晶玉眼。仔細一看，就連頭頂的獅子頭冠也用了玉眼技法，在燈光下閃閃發亮。

獅子冠裡藏有 104 尊愛染明王小像

據說在二戰前，寺方進行大規模修理時，發現愛染明王的獅子冠裡藏了許多寶物。包括十七世紀修繕時所放入的文件，以及一百零四尊愛染明王的小像（高度約四公分左右）。這些小像現已放回獅子冠內，現場則放了照片代替展示，信眾仍可鑑賞其雕工之精美。

愛知縣豐橋市多米町赤岩山4
0532-62-0012
豐鐵東田本線「赤岩口站」出站後，步行約二十分鐘
※ 參拜需預約

勝軍地藏像

愛染明王旁供有一尊小型勝軍地藏，是從愛宕權現社[36]移駕而來。這位尊駕拿著武器，身穿盔甲，跨騎在軍馬上，嬌小的身形和孩子氣的動作十分可愛。

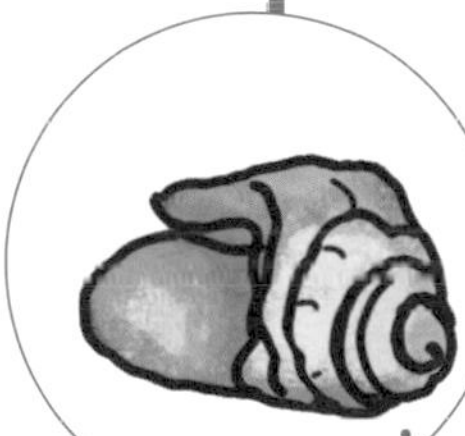

基座上鑲滿從寶瓶溢出來的貝殼等寶物

寶珠

愛染明王坐像（國家指定重要文化財）
製作年分：鎌倉時代
素材：木造／檜寄木造
高度：九五・七公分

34 三河國為日本古代的令制國之一，屬東海道，又稱三州。約為現在的愛知縣東部。

35 安達盛長為平安時代末期～鎌倉時代初期的武將。

36 愛宕權現源自於日本京都愛宕山的山嶽信仰、神道的火產靈神、修驗道融合，有武神、火神的性質。早在神佛分離、廢佛毀釋前，便從愛宕山白雲寺勸請分靈到全國的愛宕社。

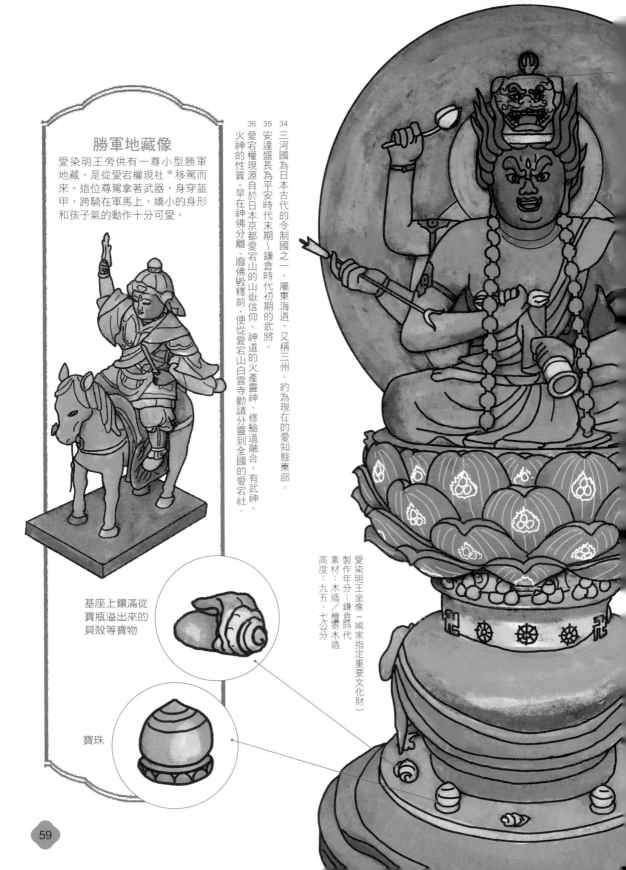

東海地方罕見的裳懸座雙佛

阿彌陀如來坐像、釋迦如來坐像

普門寺

愛知縣豐橋市雲谷町 Nabe 山下7
0532-41-4500
JR 東海道本線「新所原站」出站後，開車約十分鐘
※僅於春季和秋季的大祭時開帳

因楓葉祭而聞名的普門寺創建於七二七年，當時行基大德曾親自雕刻了御本尊聖觀音菩薩立像；後於平安時代末期，由源賴朝的叔父復興重建。普門寺的收藏庫裡，安置了平安時代打造的**阿彌陀如來坐像**、**釋迦如來坐像**、四天王立像，這六尊木造佛像皆被指定為國家重要文化財，**僅每年的春季和秋季大祭時會開帳**。

阿彌陀如來與釋迦如來被供奉在收藏庫正中央，圓潤的臉龐十分溫柔。兩位尊駕高度幾乎相同，端坐於平安時代打造的八角形底座上，衣襬兩端雙重懸垂，呈現東海地方罕見的「雙重裳懸座」姿態。值得注意的是，阿彌陀如來手施阿彌陀定印，但不知為何其縵網相（指間有蹼）上頭，又被加上了網狀的條紋。

而在兩位尊駕的左右兩旁，有四天王

阿彌陀如來坐像（國家指定重要文化財）
製作年分：平安時代後期
素材：木造
高度：一四〇・六公分

像兩兩站立。位於左邊的是多聞天王、廣目天王；右邊則是增長天王、持國天王。每位天王的衣袖都採隨風飄揚的動態設計。增長天王拿著三鈷戟、張嘴威嚇的樣子相當帥氣；廣目天王和持國天王則揮著大刀；多聞天手上拿的不是常見的寶塔，而是寶珠。至於四位天王腳下踩踏著的邪鬼，則採用保留雕刻痕跡的鉈雕技法[37]，十分引人注目。

至於御本尊聖觀音菩薩立像，則供奉在本堂裡。每年只有四月第三個星期日的上午十點～中午十二點時開帳。一旁的客殿另安置著阿彌陀如來和大黑天等。一間寺廟供奉了這麼多的佛像，對於前來參拜的信眾而言實在非常方便。

不動明王立像

這位尊駕是為了祈求討伐平家順利而打造，據說其高度正是源賴朝的等身大小；五官別具特色，鼻子有點寬，給人勇猛的印象；右手上的三鈷劍是打造當時便流傳至今的原品。兩旁的脅侍為制吒迦童子和矜羯羅童子。

37 鉈雕是一種佛像雕刻技法，特點為木雕完成後，保留粗雕刻痕，呈未拋光的質樸樣貌。

釋迦如來坐像（國家指定重要文化財）
製作年分：平安時代後期
素材：木造
高度：一百三十九公分

釋迦如來

宛如少女般可愛的鉈雕像

聖觀世音立像　長興寺

愛知縣田原市大久保町岩下8
0532-22-2598
豐鐵渥美線「三河田原站」出站後，開車約十五分鐘
※只在每年最接近四月十日的星期日開帳

隸屬於曹洞宗的長興寺，位於愛知縣渥美半島中央，此地也是戶田康光[38]的菩提寺。山門前的參道兩旁種有宏偉的杉樹林，境內廣大的伽藍更設有美麗的迴廊，整體氣氛肅穆沉靜。

山門旁的收藏庫裡安置了一尊**聖觀世音立像**，採用鉈雕技法，佛像表面有橫條紋的細微刻痕，遍布於頭部、身體、腳底、雙臂內側；甚至連側面、背面都看得到這些痕跡。不過，相較於佛像正面，背面的雕刻痕跡較不規則。不知雕佛師為何會採用如此大膽的表現手法，還挺令人好奇的。

這位尊駕打造於平安時代，是愛知縣的指定文化財。**只在每年最接近四月十日的星期日開帳**。佛像高度約一百一十公分，頭部略大，身體纖細；全身上下只有眉毛、眼睛、上下瞼和嘴唇塗有顏色。若從側面看，祂的雙唇有點微微噘起，就像個在撒嬌的美麗少女，十分可愛。

最特別的是，明明是聖觀世音菩薩，這位尊駕卻手施將食指、無名指往內側彎折後合掌的「馬頭印」（又稱馬口印，馬頭觀音專屬的手印）。也許這個手印是由後世修補的，又或者是和馬頭觀音信仰有所關聯，這個問題至今仍是個謎。

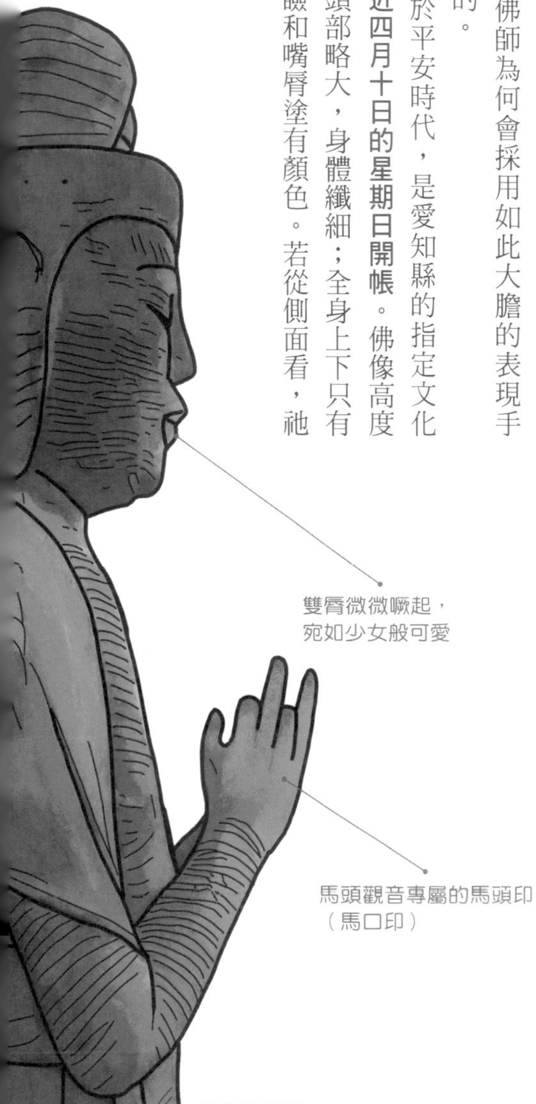

佛像的側面

十一面觀音坐像

這尊十一面觀音坐像被安置在聖觀世音立像旁。最初為雲州斐川（現在的島根縣出雲市斐川町）某間寺廟的御本尊。全身閃耀金色光芒，頭頂上的群青色頭髮正是如來的特徵之一。

38 戶田康光是日本戰國時代三河國的武將，曾一統渥美半島，並建造了田原城。

聖觀世音立像（縣指定文化財）
製作年分：平安時代
素材：木造／檜一木造
高度：百一十公分

岐阜縣

岐阜縣的山岳（白山）信仰興盛，登山參拜蔚為成風。諸如十一面觀音、聖觀音、阿彌陀如來等，皆被視為本地佛。另外，江户時代的雕佛師圓空，其故鄉就在岐阜縣的美濃地方，當地留存了許多由圓空打造的「圓空佛」，許多初期的作品亦保留在此。

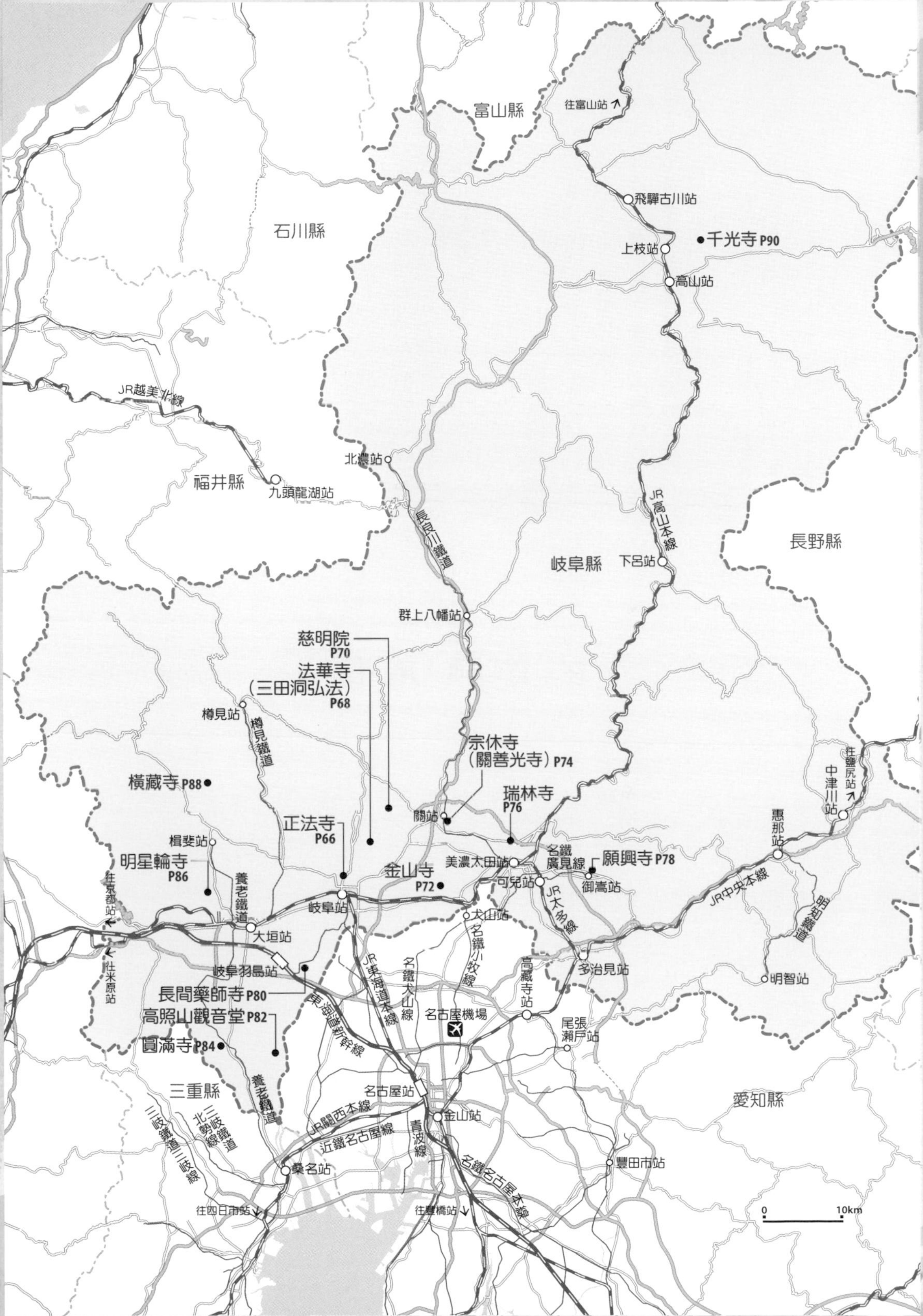

富山縣
往富山站
石川縣
飛驒古川站
千光寺 P90
上枝站
高山站
JR越美北線
北濃站
福井縣
九頭龍湖站
長良川鐵道
JR高山本線
長野縣
岐阜縣
下呂站
群上八幡站
慈明院 P70
法華寺（三田洞弘法）P68
樽見站
樽見鐵道
宗休寺（關善光寺）P74
橫藏寺 P88
瑞林寺 P76
往鹽尻站
中津川站
關站
揖斐站
正法寺 P66
惠那站
明星輪寺 P86
美濃太田站
名鐵廣見線
願興寺 P78
金山寺 P72
可兒站
御嵩站
往京都站
養老鐵道
岐阜站
JR中央本線
JR太多線
明知鐵道
犬山站
大垣站
名鐵小牧線
往米原站
岐阜羽島站
JR東海道本線
名鐵犬山線
高藏寺站
多治見站
長間藥師寺 P80
明智站
東海道新幹線
高照山觀音堂 P82
名古屋機場
尾張瀨戶站
圓滿寺 P84
三重縣
養老鐵道
名古屋站
愛知縣
JR關西本線
金山站
三岐鐵道三岐線
北勢線
三岐鐵道
近鐵名古屋線
青波線
名鐵名古屋本線
桑名站
豐田市站
往四日市站
往豐橋站
0
10km

有「籠大佛」之稱的岐阜大佛

釋迦如來坐像（籠大佛）

正法寺

岐阜縣岐阜市大佛町8
058-264-2760
JR東海道本線、高山本線「岐阜站」出站後，轉乘岐阜巴士市內環狀線等，在「岐阜公園歷史博物館前」下車，步行約三分鐘

正法寺位在岐阜城的山腳下，岐阜市歷史博物館附近，寺內供有知名的岐阜大佛。正法寺是黃檗宗位在京都宇治萬福寺的末寺（即別院）。黃檗宗是由中國明朝福建出身的僧人隱元隆琦所創，因此黃檗宗的寺院從建築物、佛像、儀式到寺內提供的精進料理，皆為中國樣式。不知是否因為這層緣故，正法寺的大佛殿同樣有著中國式的設計風格。

進入大佛殿之後，映入眼簾的便是岐阜大佛。這是一尊高達一三．六三公尺的**釋迦如來坐像**，比十一公尺高的鎌倉大佛還要高出許多。更因內部骨架是用木材打造、外型則以竹材製成，又被暱稱為「籠大佛」。

岐阜大佛**與奈良、鎌倉大佛齊名**，**是為日本三大佛之一；同時也是全日本最大的乾漆佛**，有著碩大的福耳，給人福氣滿滿的好意頭。所謂乾漆製法，是先以竹材製作外型，再於外層塗抹黏土；待黏土乾燥後，再貼上寫有佛經的美濃和紙，最後上漆、黏貼金箔。更特別的是，這位尊駕雖然是釋迦如來，祂的手印卻是阿彌陀如來特有的來迎印，比出有如OK的手勢，手指更是出奇地修長。光是遠遠眺望就能讓人心情放鬆。

岐阜大佛是江戶時代的寬政時期（一七八九年～一八〇一年），由正法寺第十一代住持發願打造，目的是為了紀念死於大地震和大饑荒的信眾。令人難過的是，由於遲遲沒能募到足夠費用，十一代住持便在僅完成祀堂和大佛頭部時辭世了。在這之後，下任住持承襲其遺願，終於在動工後的第三十八年完成了岐阜大佛。

岐阜大佛的胎內還藏有一尊藥師如來，這位尊駕據說傳承自平安時代的圓仁（慈覺大師）。時至今日，兩尊佛像都已列為縣指定的重要文化財。

釋迦如來坐像（縣指定重要文化財）
製作年分：一八三二年
素材：乾漆製法
高度：一三．六三公尺

修長的手指
碩大的福耳

超稀有！兩顆頭、八隻手的愛染明王

兩頭愛染明王坐像

法華寺（三田洞弘法）

岐阜縣岐阜市三田洞131
058-237-3812
JR東海道本線、高山本線「岐阜站」出站後，轉乘岐阜巴士岐阜高富線，在「三田洞」下車，步行約十分鐘
※參拜需預約

靈鷺山法華寺以「三田洞弘法」、「三田洞弘法大師」等通稱而為人熟知。法華寺的山號源自於印度的靈鷺山，據說兩地有著相似的景觀。寺院境內更有廣大的綠地，池塘內設有小橋，池面種植著蓮花、鯉魚悠游其中，環境優美，非常療癒。

八一六年，弘法大師（空海）創建了法華寺，屬於高野山真言宗的寺廟，此地同時也是美濃三弘法的二號巡禮處。信眾可在寺廟內用膳，其菜飯和豆腐田樂[39]最富盛名。

越過池塘上的小橋後，拾級而上即可看見本堂，裡頭供有木造聖觀音菩薩立像；附近的小祀堂裡則供奉著稀有少見的**兩頭愛染明王坐像**。祀堂平時緊閉著大門，裡頭十分陰暗，從外面無法看清楚，但**信眾只要事先預約，就可入內參拜**。

這尊愛染明王就像連體嬰一樣長了兩顆頭；手也比一般的愛染明王（六隻手）多出兩隻，一共有八隻手。面向佛像時，左邊那張臉就和普通的愛染明王一樣，頭髮豎立、頭上戴著獅子冠，冠上放著五鈷鉤，額頭上長有第三隻眼睛；右邊那張臉則只有兩隻眼睛，綁著頭髮、戴著寶冠。儘管佛像的高度只有三十六公分高，望上去仍然魄力十足。

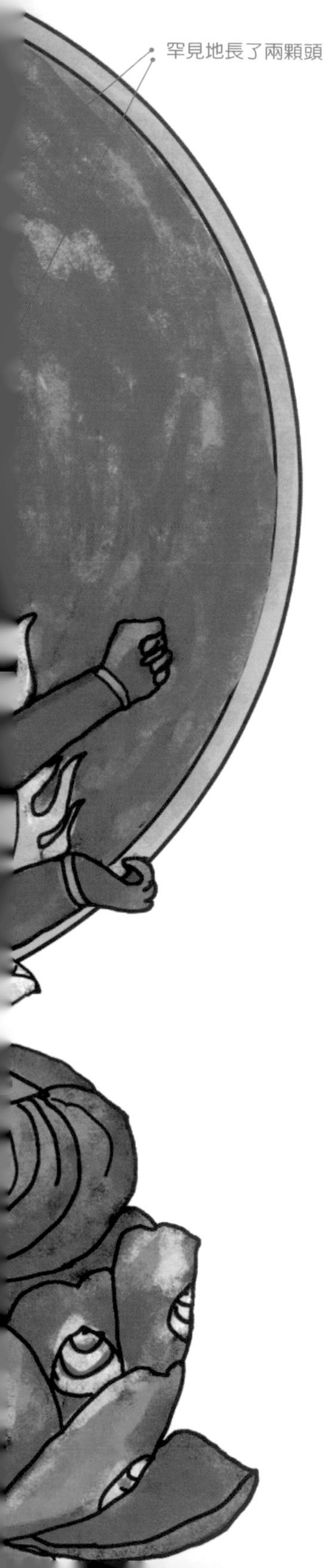

39 豆腐田樂為燒烤料理，以竹串將切長塊的豆腐串起後塗上味噌食用。因外型很像田樂舞樂（祈求農家五穀豐登的田樂舞）的姿勢而得名。

金色耀眼的
大型慈母觀音立像

這位尊駕打造於 1989 年左右，全身閃著金光，右手拿著插有蓮花的水瓶；腳邊還依偎著兩個高舉雙手的裸體小孩。

兩頭愛染明王坐像（市指定文化財）
製作年分：江戶時代
素材：木造
高度：三十六公分

頭冠上有鳥居的珍貴聖觀音像

聖觀音菩薩立像

慈明院

慈明院的**聖觀音菩薩立像**，原本供奉在岐阜縣關市洞戶高賀神社境內的蓮華峯寺。而在當時，慈明院附近有間王澤（現在的大澤）觀音堂，裡頭供奉著一尊由聖德太子雕刻的子安觀音。後來，觀音堂遭到大火燒毀，裡頭的子安觀音也跟著付之一炬，後人便在重建寺廟時，將原本安置於蓮華峯寺的聖觀音菩薩立像一同接了過來。

這尊聖觀音菩薩的頭冠上，極罕見地有著一座鳥居，此即為神佛習合（神道教與佛教混合，亦稱垂跡思想）的象徵。

據說現任住持就任時，聖觀音的手部曾不慎脫落損毀，為此，寺方委託了奈良的元興寺文化財研究所協助修復。而在修復期間，人們在聖觀音的胎內發現了一尊以瓔珞和金屬打造的誕生佛（描述釋迦牟尼誕生時樣貌的佛像），令眾人驚訝萬分。

這尊聖觀音菩薩打造於平安時代後期，但其胎內佛遠比聖觀音更加古老。更特別的是，胎內佛身上有燒焦的痕跡，因此推測祂可能是過去被放在那尊遭燒毀的子安觀音裡的胎內佛。在這之後，誕生佛被安置回聖觀音胎內，其身上的瓔珞則改由聖觀音佩戴。

二〇〇七年時，聖觀音菩薩立像修復完成，由於其體內藏有子安觀音的胎內佛，因此便被信眾當成子安觀音供奉。現在，每月九日都會固定舉辦法會，每逢八月十八日的下午也會舉辦大祭典，深受當地信眾信仰。

岐阜縣山縣市西深瀨１７２２-1
058-22-2269
ＪＲ東海道本線、高山本線「岐阜站」出站後，開車約四十分鐘

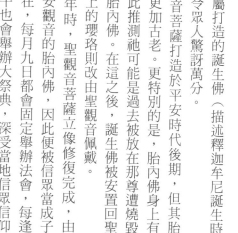

胎內藏有一尊誕
生佛（舊時子安
觀音的胎內佛）

馬頭觀音坐像

聖觀音菩薩腳邊供有這尊小型的馬頭觀音坐像。據說其可能是當地供奉的「六觀音」之一。

聖觀音菩薩立像
製作年分：平安時代後期
素材：木造
高度：一一八・七公分

笑容溫暖，療癒人心的圓空佛

十一面觀音菩薩立像　金山寺

江戶時代的雕佛師圓空，曾周遊日本全國各地，途中他不斷雕刻佛像，留下了不少作品傳世。值得注意的是，圓空在岐阜縣誕生，最後也死於岐阜縣，可謂落葉歸根。或許正是因為如此，岐阜縣境內才會保留了這麼多的圓空佛。

位於岐阜縣南部各務原市的金山寺境內，也藏有圓空的作品，此處供奉的是面露溫柔微笑的**十一面觀音菩薩立像**。寺廟的入口即清楚地標示著「寺內供奉圓空佛」，**只要事先預約即可參拜**。

這尊由圓空打造的十一面觀音菩薩，靜靜地佇立在祀堂內，以溫柔的微笑迎接信眾，可近距離參拜。佛像的左手將大水瓶高舉至胸前，右手則往下擺，手掌朝向正面。通常十一面觀音頭頂上的「頭上臉」不是露出尖牙，就是目露凶光，但圓空打造的十一面觀音卻大不相同，不論哪張臉看起來都笑瞇瞇的。若是從正上方鳥瞰，就像是一朵盛開的花。

觀音頭頂環繞一周的頭上臉共有十張面孔，若再加上正中央觀音本身的臉孔，一共就是十一張臉。從側面看，其纖細的身體略微前傾，肚子的部分則像孕婦一般有點小腹微凸。底座的蓮花臺只有前方被雕刻成立體狀，後方則呈現平面狀態。

整體來說，這尊佛像的背後明明呈一直線，卻離出了後方的頭上臉，有點教人摸不清其創作的標準何在。儘管雕塑手法略嫌粗糙，卻給人十分溫暖的感受，頗能療癒人心。

岐阜縣各務原市各務西町4-131
058-385-1447
名鐵各務原線「三柿野站」出站後，步行約二十五分鐘
※ 參拜需預約

從正上方鳥瞰時，
其頭頂宛如一朵花

十一面觀音菩薩立像（市指定文化財）
製作年分：一六七九年
素材：木造
高度：六十七公分

佛像側面

像孕婦般的微凸小腹

連橄欖球員都爭相模仿的必勝手印

寶冠大日如來坐像　宗休寺（關善光寺）

岐阜縣關市西日吉町35
0575-22-2159
長良川鐵道「關站」出站後，步行約三分鐘

位於岐阜縣關市的宗休寺創建於一七九八年，隸屬美濃四國第二十一號巡禮處。

宗休寺一般通稱關善光寺。據說在江戶時代，為了在此舉行長野善光寺的出開帳[40]，便以善光寺為範本建造了本堂，裡頭供有御本尊**阿彌陀如來坐像**。此外，就和長野善光寺一樣，宗休寺同樣會定期舉辦戒壇巡禮（胎內巡禮）[41]，其參拜路線呈現卍字形，也是全日本唯一的一座卍字戒壇巡禮寺廟。

宗休寺境內有間八角形的大日堂，裡頭供奉著**寶冠大日如來坐像**。其基座上緊密排列著小小的佛像；佛像的手印並非一般常見的智拳印（金剛界大日如來特有）或禪定印（胎藏界大日如來的手印），而是兩手拇指相扣，僅以食指相觸，右手三指疊於左手三指上的稀有手印。推測此手印流傳於中國明朝至清朝期間，但其代表的意義並不清楚。據說，只要於比賽或考試前結出相同的手印，就可獲得勝利的庇佑。就連日本知名的橄欖球選手五郎丸步，也習慣於出賽前結出這樣的手印。

基座上緊密排列著小小的佛像

御本尊
阿彌陀如來坐像

宗休寺的本堂為大佛殿，供奉御本尊阿彌陀如來，以及其脅侍觀音菩薩及勢至菩薩。阿彌陀如來的高度約 5 公尺，是岐阜縣內最大的木造佛。其有點向左右兩邊分開的雙眼為最大特徵。

寶冠大日如來坐像
製作年分：中國玄宗時代
素材：銅造
高度：五公尺

40 把佛像搬運到寺廟以外的場所供信眾參拜，而在自家寺廟內開帳的則稱居開帳。

41 戒壇巡禮為善光寺著名的巡禮活動。體驗者可進入位在供奉祕藏佛像的壇下通道，在伸手不見五指的情況下，以虔誠的心沿牆行走，若在過程中碰觸到掛在佛像底下的「極樂鎖頭」，就代表和祕藏佛像結緣，獲得通往極樂世界的鎖鑰。

近三公尺高、魄力十足的蜂屋大佛

彌勒佛坐像

瑞林寺

瑞林寺又稱「柿寺」。據說是因為在室町時代，廟方曾把此地的特產「堂上蜂屋柿」（果實呈倒鐘型，尾端形狀較尖）的柿餅進獻給幕府第十代將軍足利義稙，而後瑞林寺便得到了柿寺的稱號和大片領地。

瑞林寺的御本尊為**聖觀世音菩薩坐像**。但在此要特別向各位介紹的，是這尊被稱為「蜂屋大佛」、高達兩百九十六公分的**彌勒佛坐像**。據說在戰國時代，織田信長進攻此地時，村人為了避開戰火，而把彌勒佛的頭部拆下並埋進土裡。因此現在彌勒佛的身體是江戶時代重新打造的。

一般提到彌勒，都是指彌勒菩薩，但瑞林寺的這位尊駕卻有著如來的特徵：頭上有著藍色的螺髮、並未佩戴任何飾品。據傳彌勒菩薩會在釋迦牟尼圓寂後的五十六億七千萬年成為如來，因此現世的人們有時會提前以如來的姿態呈現祂的樣貌。換句話說，這尊佛像所描繪的，是在未來成為如來的彌勒佛。

在這尊魄力十足的蜂屋大佛後頭，供有以金箔修補的西國三十三觀音，以及在二〇一〇年奉納至此地的圓空風格手雕千體地藏。

只要來此一趟，就可參拜各種佛像，中庭的花草也非常漂亮，推薦大家親自造訪。

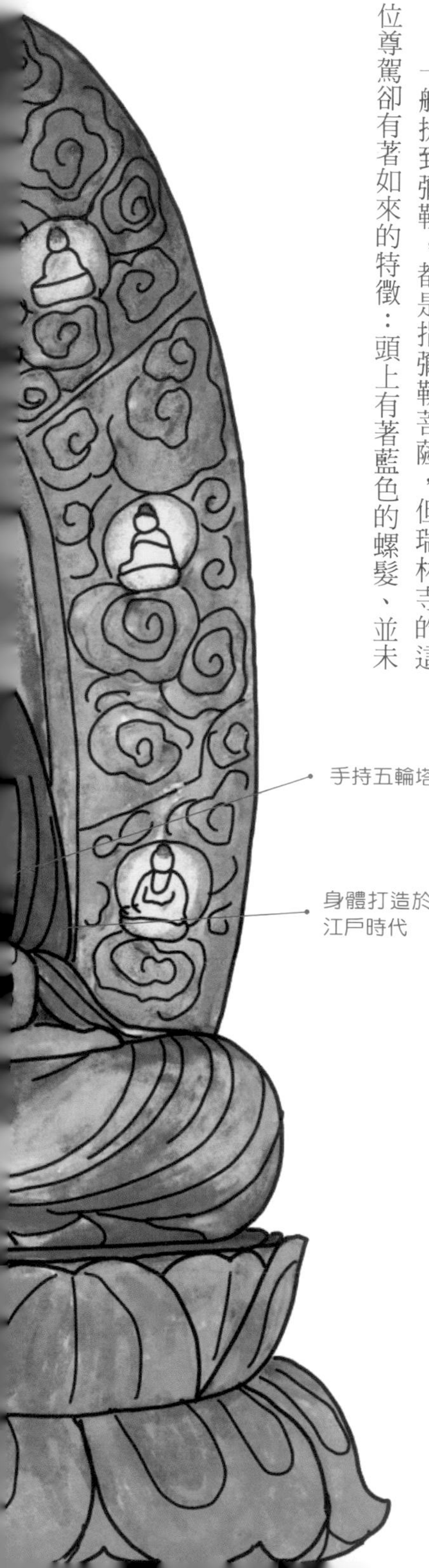

岐阜縣美濃加茂市蜂屋町上蜂屋9-1
0574-26-1847
JR高山本線、太多線「美濃太田站」出站後，開車約十五分鐘
※參拜需預約

御本尊
聖觀世音菩薩坐像

聖觀世音菩薩高度為 57.5 公分，以寄木造技法製成，名列縣指定文化財。佛像的體內藏有每 7 年才開帳一次的胎內佛（高度為 28.5 公分，最近的一次開帳日在 2025 年），因此又被稱為「腹籠佛」。

彌勒佛坐像（縣指定文化財）
製作年分：鎌倉時代末期
素材：木造／寄木造．漆箔
高度：兩百九十六公分

騎著數千隻螃蟹而來的藥師如來

藥師如來坐像　願興寺

岐阜縣可兒郡御嵩町御嵩１３７７-1
0574-67-0386
名鐵廣見線「御嵩站」出站後即可抵達
※ 參拜需預約

願興寺最早的起源是九九三年，行智尼（被視為一条天皇的皇女）在此建造的尼姑庵。據說當時尼姑庵附近的池塘，突然出現了一尊騎著數千隻小蟹而來的藥師如來，後世便稱其為「蟹藥師」。

時至今日，當初那尊騎著螃蟹出現的藥師如來，已被安置在御本尊**藥師如來坐像**的胎內。順道一提，願興寺的「蟹牡丹」紋章，也是源自於此。

願興寺本堂旁的收藏庫裡，整齊排列著二十四尊佛像（皆已列為重要文化財），分別為御本尊藥師如來、脅侍日光菩薩、月光菩薩、四天王像，以及藥師如來的護衛十二神將；此外，一旁還供有**釋迦如來**、脅侍文殊菩薩、普賢菩薩，以及兩尊阿彌陀如來（立像及坐像各一），**信眾只要事先預約即可參拜**。

御本尊藥師如來被安置在正中央的佛龕裡，由於其為祕藏佛像，**僅在每十二年一次的子年（鼠年）開帳**。這尊藥師如來由天台宗的開山祖師最澄（傳授大師）親手打造，據傳最澄大師造訪此地時正逢瘟疫，悲天憫人的他於是親手雕刻了這尊佛像祈福。

藥師如來的兩旁是脅侍日光菩薩及月光菩薩；四天王則像護衛一般，佇立在四周。雖然日光、月光菩薩的尺寸比四天王略小，但仍給人全力守護藥師如來的印象；最外圍的十二神將則依十二干支順序排列。另外，手施說法印的釋迦如來、騎著大象的普賢菩薩、騎乘獅子的文殊菩薩也供奉在此。

能夠這樣一口氣參拜多達二十四尊的美麗佛像，真令人覺得滿足。

手施說法印的釋迦如來坐像

這尊釋迦如來手施罕見的說法印，一般的釋迦如來都是以「施無畏與願印」居多，施以說法印的釋迦如來除了鎌倉的極樂寺之外相當少見。

願興寺的蟹牡丹紋章

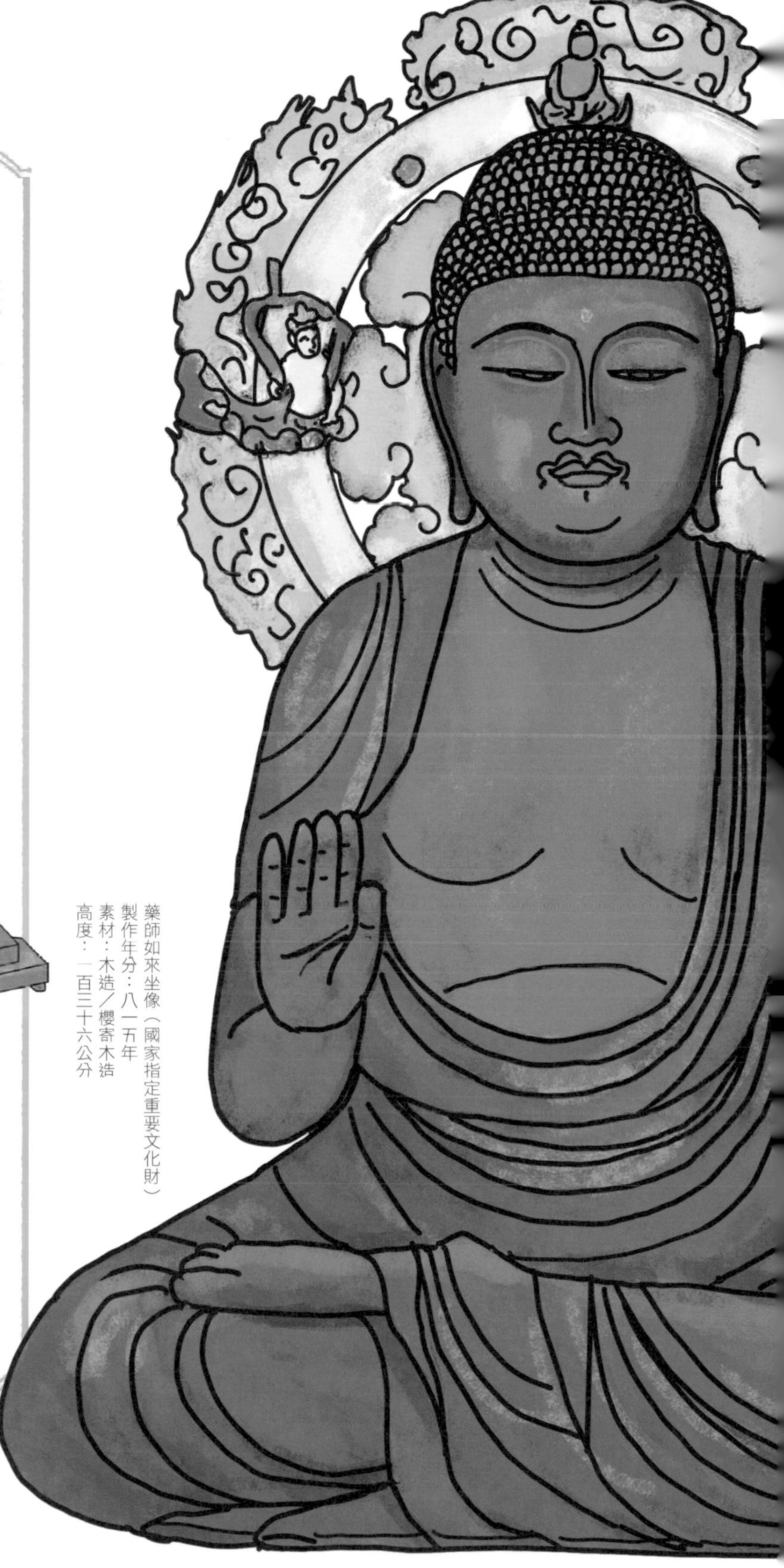

藥師如來坐像（國家指定重要文化財）
製作年分：八一五年
素材：木造／櫻寄木造
高度：一百三十六公分

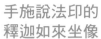

讓人不禁跟著微笑的圓空佛

藥師三尊立像　長間藥師寺

位於岐阜縣羽島市的長間藥師寺以御本尊藥師如來為首，供奉了多達九尊圓空佛（統稱圓空佛像群），皆為縣指定重要文化財。

本堂裡供奉著**藥師三尊立像**。關於御本尊藥師如來，有這麼一段故事：圓空在工作期間遇見一位年老的窮人，圓空見狀後心生憐憫，便刻了這尊藥師如來送給他。在這之後，這位老人每天都背著佛像四處布施，某天卻突然銷聲匿跡。村民們遍尋不著老人，卻在某天晚上發現河邊有奇異的亮光；前往一看，驚訝地發現老人緊緊抱著藥師佛像，早已死亡多時。而那道亮光就是藥師佛像發出來的。

村民感念於老人的虔誠，便開墾那一帶的土地建造祀堂，並將這尊藥師佛像供奉起來，這就是長間藥師寺的起源。

長間藥師寺的藥師三尊立像被安置在本堂的佛龕裡。正中央為藥師如來，右手邊是日光菩薩，左手邊則是月光菩薩。值得注意的是，佛龕裡的藥師三尊，以及佛龕前的幾尊護法神，都是圓空初期的作品。

一般由圓空打造的藥師佛像儘管手持藥壺，但大多是把手藏在衣服裡，看不見其手部樣貌。這尊藥師如來卻清楚地刻出了手部外觀，左手拿著藥壺，右手則舉至胸前。更特別的是，藥師三尊臉上都帶著溫柔的笑容，讓人在參拜時也情不自禁地跟著微笑。

岐阜縣羽島市上中町長間893
058-392-3210
名鐵竹鼻線「羽島市公所前站」出站後，轉乘羽島市社區巴士（南部線），在「長間」下車，步行約十分鐘
※參拜需預約

日光菩薩

三尊佛像皆為縣指定重要文化財
製作年分：寬文年間（一六六一年～一六七三年）
素材：木造／檜
高度：日光菩薩七五・三公分、藥師如來九三・三公分、月光菩薩七五・三公分

胎內藏有三尊佛像的安產守護佛

八手觀世音菩薩立像

高照山觀音堂

高照山觀音堂位於長良川沿岸的轉角處，是間小小的祀堂。因為沒有住持，僅由當地居民看顧，平時都是緊閉著門戶。祀堂裡供奉了一尊有八隻手的**八手觀世音菩薩立像**，以及由雕佛師行基大德打造的御本尊觀音菩薩，據說這尊觀音菩薩原本是平景清[42]的守護佛。

儘管廟方規定**每年的八月九、十日的晚上八～九點才會開帳**，不過，經過請求之後，他們特別通融讓我入內參拜。

堂內正中央金光閃閃的佛龕裡，安置著御本尊觀音菩薩；右手邊便是這尊高度約有兩百二十公分的八手觀世音菩薩。通常聖觀音菩薩只會變身為千手觀音，擁有八隻手的觀世音還真的是第一次見到。

打造這尊木造佛像的原料，據說和其他兩尊觀音是同一塊木頭。分別是海津市平田町蛇池寶延寺的十一面觀音，以及揖斐郡池田町片山善南寺的十一面子安觀音（但據說善南寺十一面子安觀音已在大正時代的火災中燒毀）。

更特別的是，這尊八手觀世音菩薩的肚子上，還鑲嵌著一塊四角形的板子；把板子拿開後，可看到內部藏有三尊小小的佛像。因此，這位尊駕便被視為「懷有三個小孩」、可庇佑女性順利生產的「子安觀世音菩薩」。據說只要向祂許願，就可以生出健康的寶寶。儘管佛像全身漆黑，很難看得清楚，但仍舊可以從祂溫柔的表情感受到滿滿的祝福。

祀堂裡供奉著鮮花，非常乾淨、整潔，可見當地居民十分重視且愛護這間小小的觀音堂。

岐阜縣海津市海津町日原
縣道177號線與清流百日紅街道（23號）交會的轉角處
※僅於每年八月九、十日的晚上八～九點開帳

八隻手的觀世音菩薩相當少見

八手觀世音菩薩立像
製作年分：一八一一年
素材：木造
高度：兩百二十公分

阿彌陀如來坐像

這位尊駕位於中央佛龕的左手邊，採坐禪姿勢，手施禪定印，全身散發金色光芒。頭頂的螺髮為藍色，頭上的肉髻位置偏低，有點朝左右兩旁分開的雙眼是鑲嵌水晶，以玉眼技法打造而成。

42 平景清為平安時代末期～鎌倉時代初期的武將。

胎內藏有三尊佛像

各式華麗的佛像羅列齊聚

釋迦如來坐像

圓滿寺

位於海津市的圓滿寺是奈良時代聖武天皇發願所建，並由行基大德開基，期望能鎮護國家、繁榮皇室，歷史相當悠久。本堂的門一打開，就可以看到裡頭有好幾尊巨大華麗的佛像羅列齊聚。

本堂正面是御本尊**釋迦如來坐像**，威風凜凜的氣勢令人折服，身後的光背上刻有非常漂亮的紋路。面向御本尊的右手邊，則是以藥師如來為中心，打造於平安時代的三尊佛像。藥師如來有張緊緻、年輕的臉，手上的藥壺開著蓋子，就像是隨時可從裡頭取出藥物、拯救眾生免於病痛似的。

藥師如來的左手邊則是**聖觀音菩薩立像**，只見祂五官清秀，閒散地扭著腰；右手邊的十一面觀音菩薩，則稍微將右腳往前邁出，一副隨時準備要出動拯救世人的模樣。更特別的是，十一面觀音的相貌栩栩如生，給人與眾不同的真實感；其頭上三百六十度環顧四周的頭上臉，更令人覺得安心可靠。

除了釋迦如來之外，圓滿寺裡還供奉著胎藏界的大日如來、阿彌陀如來、地藏菩薩、四天王像等。這裡明明不是京都或奈良，何以這些打造於平安時代的佛像還能維護得如此完善？足見此地對於佛教的信仰十分深厚虔誠。

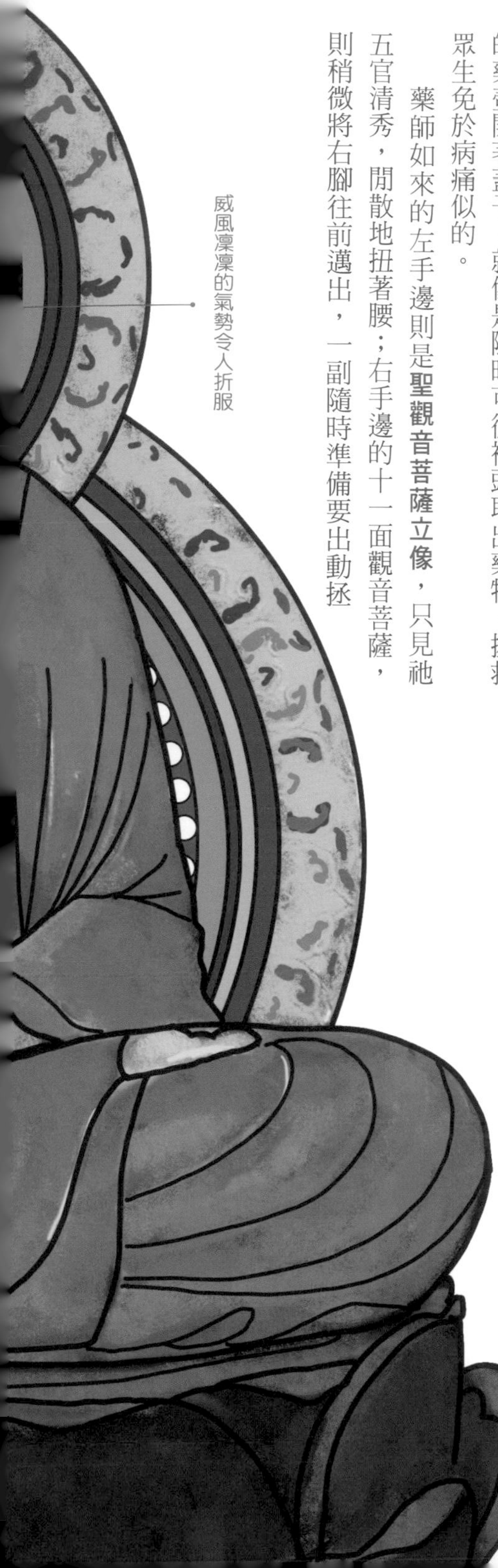

岐阜縣海津市南濃町庭田744
0584-55-0150
養老鐵道養老線「駒野站」出站後，步行約二十分鐘

聖觀音菩薩立像

這位尊駕有著一張圓臉，左手拿著蓮花的花蕾，腰部略向左扭轉，一副閒散姿態。高度有 179 公分，打造於平安時代後期。

釋迦如來坐像
製作年分：室町時代
素材：木造／寄木造
高度：一百四十公分

單腳垂下安坐的地藏菩薩

地藏半跏像　明星輪寺

岐阜縣大垣市赤阪町４６１０
0584-71-0124
從ＪＲ美濃赤坂線「美濃赤坂站」出站後，步行約二十分鐘
※參拜需預約

明星輪寺位在金生山上。根據寺傳記載，這間寺廟是在飛鳥時代遵奉持統天皇的敕令，由日本修驗道的開山始祖役行者（役小角）建造。

寺內的御本尊是象徵無限智慧的**虛空藏菩薩**，又稱「虛空藏」。由於這位尊駕的關係，明星輪寺被列為日本三大虛空藏之一（另兩間為京都法輪寺、伊勢金剛證寺，但亦有其他說法）。

御本尊虛空藏菩薩是直接從天然石洞中選材，由役行者就地雕刻而成。每年的一月十二日（徹夜）、十三日都會舉行「初虛空藏菩薩」的活動，各式護摩[43]和踏火[44]儀式十分熱鬧。

我事先已完成預約，因此得以參拜寺內另一尊供奉在收藏庫裡，單腳垂下安坐的**地藏半跏像**。這尊地藏菩薩被安置在正中央，面向佛像的左手邊坐著阿彌陀如來；右手邊則是不動明王。只見地藏菩薩坐在岩石蓮花臺上，右手拿著錫杖，左手拿著寶珠；右腳盤腿而坐，左腳則是悠閒地垂下，踩著小朵的蓮花。這位尊駕自古以來就被尊崇為安產育兒的守護佛，更有「子安子守地藏」的稱號；據說原本是彩色佛像，但時至今日色彩已盡數剝落，木紋線條則完全顯露出來。

地藏菩薩的表情十分溫暖、柔和，感覺不光是孩子，似乎連成年人都可得到庇佑。

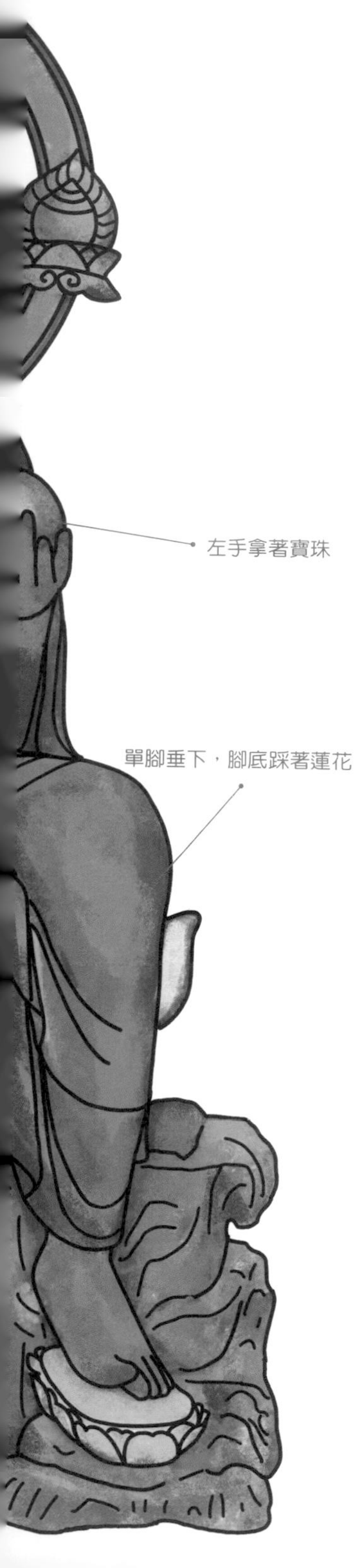

御本尊替身佛像 虛空藏菩薩坐像

本堂的入口有尊小型的虛空藏菩薩，此為代替御本尊而打造的替身佛像。祂的手裡拿著蓮花和寶劍，端坐在蓮花臺上。虛空藏菩薩同時也是丑（牛）、寅（虎）年生肖的守護本尊。

43 護摩為梵語 Homa 的音譯，意為火供、焚燒。

44 踏火又稱「過火」，以赤腳踏過焚燒的炭火，藉此達到除穢、驅邪、解厄的目的。

地藏半跏像（國家指定重要文化財）
製作年分：平安時代後期
素材：木造／檜寄木造
高度：八十五公分

《西遊記》裡沙悟淨的原型

深沙大將立像　橫藏寺

岐阜縣的橫藏寺由最澄大師（傳教大師）創建，最初是為了安置由他親手雕刻的藥師如來，歷史相當久遠。裡頭供奉的即身佛[45]（木乃伊）也相當知名。

橫藏寺的琉璃殿（即寶物館）裡有多達二十二尊佛像，皆為國家指定的重要文化財，又稱「美濃正倉院」。其中，這尊以楠木一木造雕刻，腹部前方長了一張人臉，手臂及腳上都有長蛇纏繞的**深沙大將**[46]**立像**，完完全全地吸引了我的目光。

很多人不知道，深沙大將其實與《西遊記》中知名的玄奘法師（唐三藏，又稱唐僧）關係匪淺。祂正是唐僧前往天竺（印度）取經的途中，在沙漠中出現，並被收為徒弟的沙悟淨。

岐阜縣揖斐郡揖斐川町谷汲神原１１６０
0585-55-2811
樽見鐵道「谷汲口站」出站後，轉乘揖斐川町社區巴士谷汲口線，在「谷汲山」轉乘揖斐川町社區巴士橫藏線，在「橫藏」下車即可抵達

明明是唐僧的守護神，深沙大將的模樣卻像漫畫人物般滑稽。身材短小，手臂也短短的；雖然有肌肉線條，看起來卻不怎麼強壯。圓滾滾的眼睛向外凸出，鼻子略顯豐滿，厚厚的嘴唇往兩側擴張，頭髮更像是冰淇淋一樣高高聳起；腰間纏著一條腰布。

仔細一瞧，祂的胸前還有幾個宛如釘孔般的小小孔洞，或許過去曾佩戴著骷髏頭項鍊吧？另外，更聽說祂膝蓋的褲管上原本刻有大象的頭，現在已不再復見了，有點可惜。

話雖如此，深沙大將全身上下仍散發著獨特的氛圍，只要見過一次，就絕對無法忘記。

手臂及腳上都纏繞著長蛇

大日如來坐像

琉璃殿裡還安置著一尊手施智拳印的金剛界大日如來。有張年輕緊緻的圓臉，綁著高高的髮髻。乍看之下頗像奈良圓成寺的大日如來（雕佛師運慶的出道作品），充滿帥氣感。

45 即身佛意指將一般凡夫的色身（有形有質的人類軀殼），直接轉化成為佛的法身，進而成佛，得道者稱為即身佛，此為佛教追求的修行成果。

46 深沙大將為除滅諸難之神。又稱深沙神、深沙大王、深砂童子、深砂菩薩。《西遊記》裡的沙悟淨便是以深沙大將為原型。

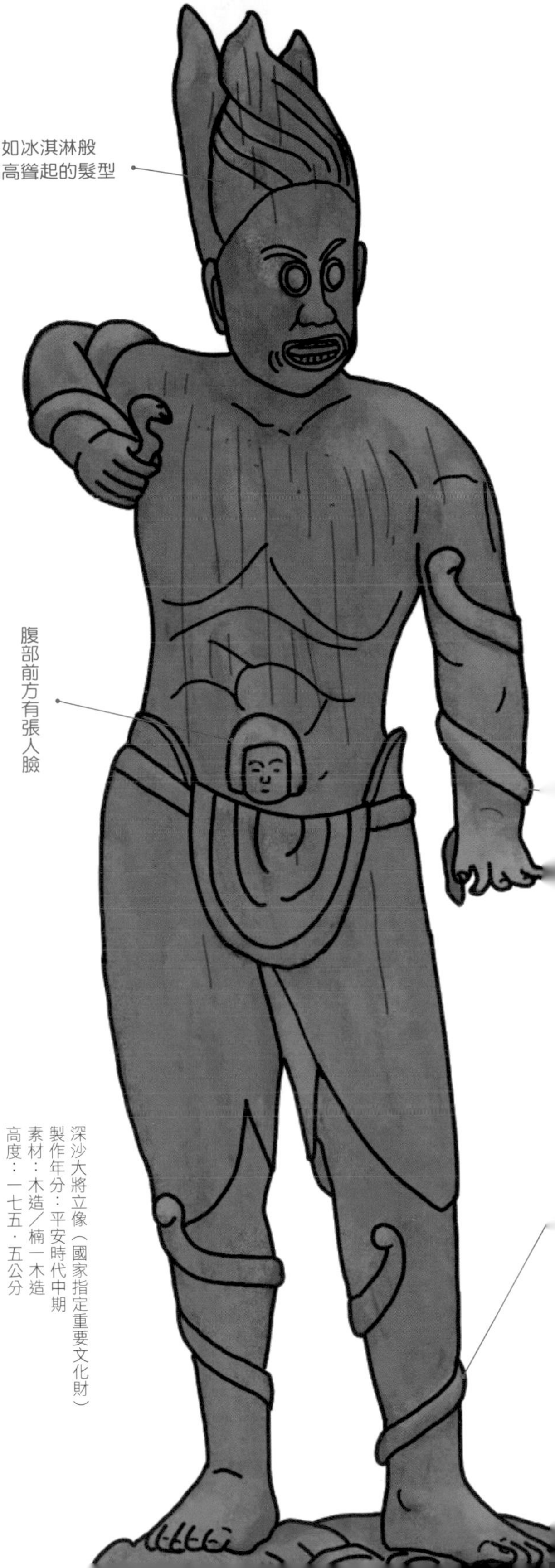

深沙大將立像（國家指定重要文化財）
製作年分：平安時代中期
素材：木造／楠一木造
高度：一七五．五公分

《日本書紀》裡的宿儺像

兩面宿儺像　千光寺

岐阜縣高山市丹生川町下保１５５３
0577-78-1021
ＪＲ高山本線「高山站」出站後，開車約二十分鐘
※圓空佛寺寶館十二月一日～三月三十一日休館

位於高山市的千光寺是高野山的末寺（別院），又稱「飛驒高野山」。寺內供有多達六十四尊的圓空佛像，更以「圓空佛寺廟」的稱號而聞名。

千光寺的圓空佛寺寶館裡，整齊排列了六十四尊圓空佛。需要注意的是，**每年冬天（十二月一日～三月三十一日）會因下雪休館，無法入內參觀**。

其中特別吸引我注意的，是這尊**兩面宿儺像**。所謂宿儺，《日本書紀》[47]裡有這麼一段描述：「同個身體長了兩張臉，兩臉背對、共用頭頂，沒有脖子。身軀兩面皆長有手腳，左右佩劍，以四隻手使用弓箭。膝蓋背後無凹陷，也沒有腳踝。身輕力強。不遵皇命，以掠略人民為樂，遂命武振熊誅之。」

話雖如此，這尊由圓空打造的兩面宿儺像，卻和《日本書紀》中的描述有些出入。祂的兩張臉左右並列；兩手拿的不是弓箭，而是斧頭；腰間則佩有劍。剩下的兩隻手則是一手伸出食指，另一手伸出食指和小指；身後的光背呈現漩渦狀。只見祂眼神憤怒、頭髮豎立，嘴角更帶著令人不快的竊笑，表情並不恐怖，反而有點討厭。

兩面宿儺像旁同時展示著《日本書紀》裡闡述的宿儺樣貌

宇賀神

所謂宇賀神，指的是蛇的身體上長有老翁或女人的臉，且經常騎乘在弁才天（或稱弁財天、辯才天，負責掌控音樂、財富、智慧等的印度女神）頭上的神。這尊佛像被獨立供奉，螺旋環繞成冰淇淋狀的身體上，有張孩子般的可愛臉孔。

47 日本書紀為日本留傳至今最早的正史，六國史之首，原名《日本紀》，舍人親王等人所撰，於六八一年～七二〇年完成。記述神代乃至持統天皇時代的歷史。

兩面宿儺像（縣指定重要文化財）
製作年分：江戶時代中期
素材：木造
高度：八十八公分

三重縣

舉世聞名的千年大社伊勢神宮、
可一路直通和歌山的熊野古道都在此地，
實為神道教與佛教的完美融合。
在鄰近的滋賀比叡山延曆寺、和歌山的高野山金剛峯寺影響下，
三重縣留存了許多美麗的密教佛像，令人眼界大開。

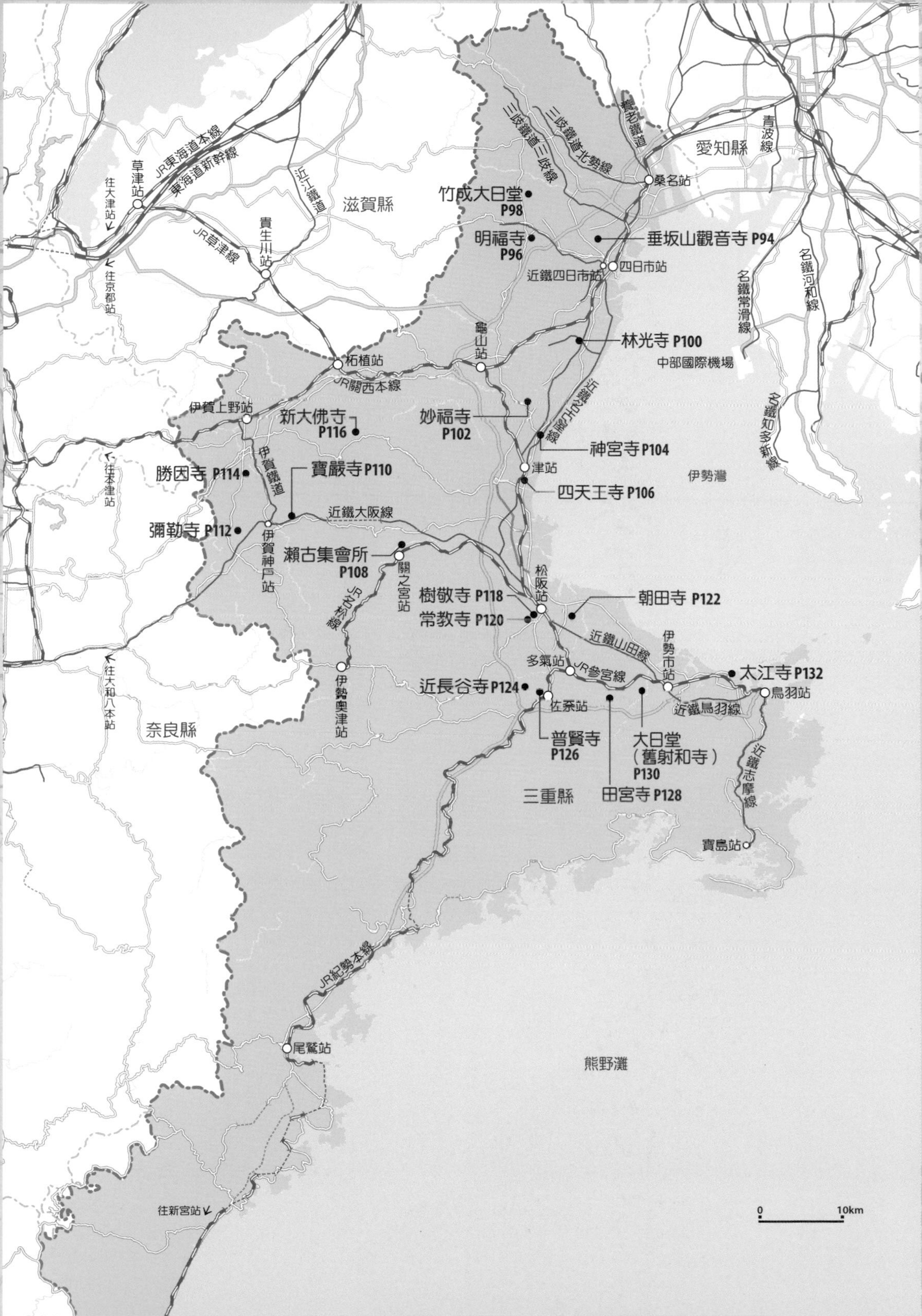
JR東海道本線
東海道新幹線
草津站
往大津站
往京都站
JR草津線
貫生川站
近江鐵道
滋賀縣
三岐鐵道三岐線
三岐鐵道北勢線
養老鐵道
愛知縣
青波線
桑名站
竹成大日堂 P98
明福寺 P96
垂坂山觀音寺 P94
近鐵四日市站
四日市站
名鐵常滑線
名鐵河和線
林光寺 P100
中部國際機場
龜山站
柘植站
JR關西本線
伊賀上野站
新大佛寺 P116
妙福寺 P102
近鐵名古屋線
神宮寺 P104
名鐵知多新線
往本津站
勝因寺 P114
伊賀鐵道
寶嚴寺 P110
津站
伊勢灣
四天王寺 P106
近鐵大阪線
彌勒寺 P112
伊賀神戶站
瀨古集會所 P108
關之宮站
JR名松線
松阪站
樹敬寺 P118
常教寺 P120
朝田寺 P122
近鐵山田線
伊勢市站
往大和八木站
伊勢奧津站
多氣站
JR參宮線
太江寺 P132
近長谷寺 P124
佐奈站
鳥羽站
近鐵鳥羽線
奈良縣
普賢寺 P126
大日堂（舊射和寺） P130
近鐵志摩線
三重縣
田宮寺 P128
賢島站
JR紀勢本線
尾鷲站
熊野灘
往新宮站
0
10km

表情莊重、頗具威嚴的元三大師像

元三大師像　垂坂山觀音寺

垂坂山觀音寺位於垂坂公園靠近山腳一帶，當地人稱之為「垂坂山大師」、「元三大師」，寺內供奉著**元三大師像**（又稱慈惠大師坐像）。元三大師是天台宗的僧侶，又稱良源法師，諡號慈惠大師；他同時也是比叡山延曆寺的復興祖師，因其忌日是正月三日，後世便通稱他為「元三大師」。

垂坂山觀音寺的元三大師像已列為國家重要文化財，被安置在本堂後方的收藏庫裡。**只要向廟方提出請求，當下若方便的話，即可進入參拜。**

元三大師像長了一對鳳眼，表情莊重，頗具威嚴，手裡的佛珠和獨鈷杵是最大特色。塑像的顏色幾乎已全數脫落，只剩下嘴唇還有紅色殘留。儘管一臉嚴肅，卻又隱約透露著無限的包容力。

據說現在一般寺廟中的各種「神籤」，其原型就出自於元三大師。由於元三大師有時會化成惡鬼的模樣（**鬼之像**）以驅趕瘟神；因此，人們相信畫了頭上長著兩隻角、骨瘦如柴的惡鬼籤紙「角大師」具有驅魔的神力。此外，元三大師也被視為觀音的化身，人們因而相信他在籤紙上畫出三十三個豆粒大小的「豆大師」神籤（意指由觀音化身而成的三十三種姿態），也具有消除災難的力量。

除此之外，垂坂山觀音寺裡還供有其他許多佛像。似乎只要在參拜之後，就能得到滿滿的庇佑。

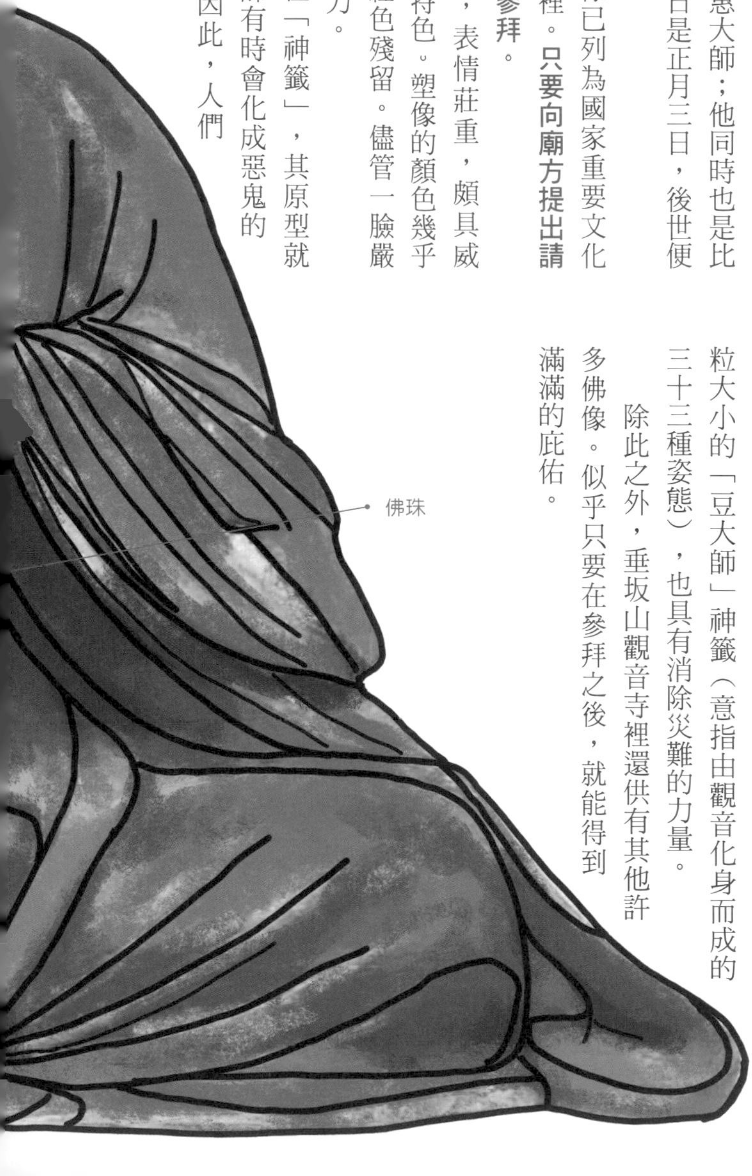

三重縣四日市市垂坂町1266
059-331-5448
近鐵名古屋線、湯之山線「近鐵四日市站」出站後，轉乘「往垂坂・東芝四日市」三重交通巴士，在「垂坂」下車，步行約八分鐘

鬼之像

傳説元三大師會刻意化身為惡鬼以驅趕瘟神，這尊塑像便是在描繪這樣的情景。鬼的頭上頂著寶珠，右手拿著獨鈷杵。

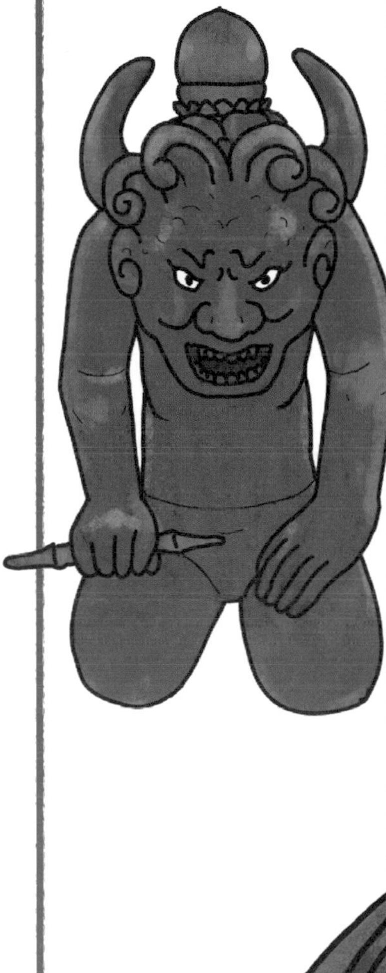

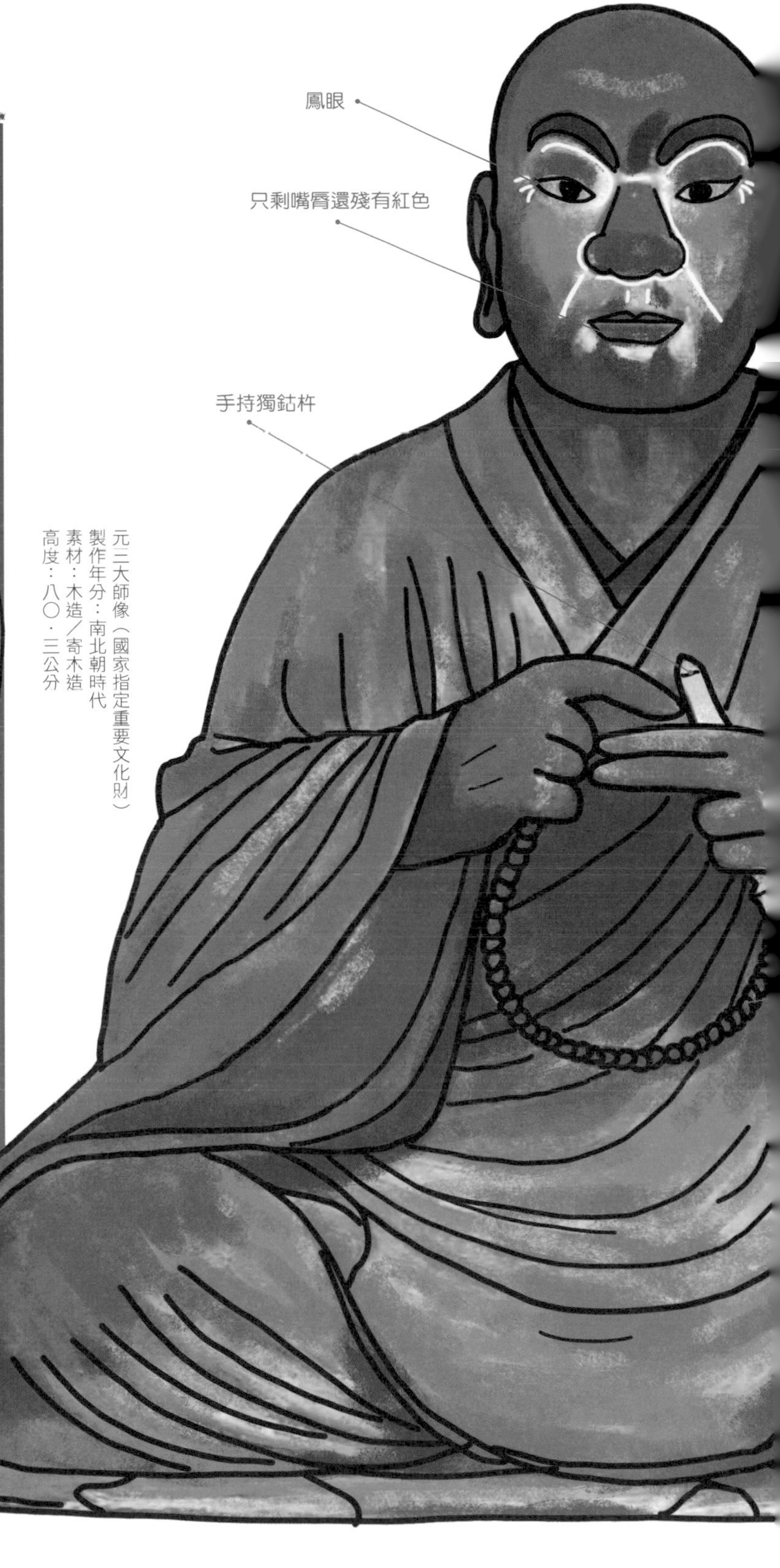

元三大師像（國家指定重要文化財）
製作年分：南北朝時代
素材：木造／寄木造
高度：八〇・三公分

刻有藥師與阿彌陀如來的兩面佛

圓空佛　明福寺

三重縣的明福寺位於湯之山溫泉和波羅蜜多博物館（Paramita Museum）附近的住宅區內。出發前，我打了電話預約參拜，沒想到寺內的**圓空佛**正好因為近期展覽會的拍攝需求而被搬到佛龕外頭。平時這尊佛像都是放在佛龕裡，信眾只能參拜其中一面，這回卻因為拍攝活動而能兩面參拜，真是太幸運了。

同時把藥師如來與阿彌陀如來刻在一起的佛像已十分少見，其等身大小的高度更是令人驚訝。此外，兩尊佛像都帶著溫柔的表情，非常療癒人心。光是專注凝望，就會令人情不自禁地嘴角上揚。

據說，這尊兩面圓空佛原本是安置在伊勢市常明寺的念持佛[48]。明治初年實施廢佛毀釋時，常明寺成了廢寺，兩面佛也遭到廢棄。後來常明寺住持的弟弟接收了兩面佛，並把祂請到自家的明福寺來。

藥壺

兩面佛中的藥師如來，其左手中的藥壺位置較一般來得高；右手則是代表無所畏懼的施無畏印；另一面的阿彌陀如來則於胸前施以說法印，將食指和拇指扣在一起。

這尊佛像是**以一個身體代表兩個世界，藥師如來是現世；阿彌陀如來則是來世**。知名俳人山口誓子與福明寺的前住持，兩人因共同創作同人俳誌《天狼》而結為好友，據說他經常來寺內參拜這尊圓空佛。深受感動的他還特地做了一首俳句「圓空佛到外面來，枯銀杏」。這首俳句的句碑至今仍佇立在福明寺內。

三重縣三重郡菰野町792-1
059-393-2610
近鐵湯之山線「菰野站」出站後，步行約五分鐘
※參拜圓空佛需預約

圓空佛
製作年分：一六七四年
素材：木造
高度：一百六十四公分

48 念持佛為個人放置在身邊，作為私人參拜之用的佛像。

阿彌陀如來
佛像側面
藥師如來
說法印
施無畏印

有如雙子星一般的大日如來

大日如來坐像 竹成大日堂

三重縣三重郡菰野町竹成2070
059-396-0837（竹成觀光協會）
近鐵名古屋線、湯之山線「近鐵四日市站」出站後，轉搭「往福王山」的三重交通巴士，在「竹成」下車即可抵達
※大日如來只在星期日開帳

竹成大日堂又稱大平山松樹院，建造於一八四二年。後因伊勢暴動[49]造成祀堂損毀，甚至得從其他的寺廟移建祀堂來用；現存的祀堂則重建於一九九九年。

竹成大日堂內供有兩尊御本尊**大日如來坐像**，其胎內存有「本願上人聖阿彌陀佛」的墨筆。最初於一四七九年打造，後於一六四七年由京都的雕佛師安村伊右衛門修復。兩尊佛像原本都有漆箔，現已剝落，顯露出底下的木造材質。大日如來通常都會佩戴華麗的頭冠和配飾，這兩尊佛像卻僅著樸素的布衣，仔細一看，上頭還刻有漩渦般的紋路；身後的光背是圓形的，修復時被塗上深藍色。兩尊並列的模樣就像雙子星一般，令人會心一笑。

胎藏界大日如來

此外，祀堂前還安置著石佛五百羅漢，據說一八六六年完成時原有六百二十尊左右，後來卻因廢佛毀釋導致西側的石佛損毀，現在僅存四百六十九尊。除了羅漢之外，石佛群中還包括了弘法大師、閻魔大王[50]、釋迦如來、普賢菩薩及日本的七福神、**奪衣婆像**、役行者等，是當地重要的神佛習合象徵，十分珍貴。

大日如來坐像（縣指定有形文化財）
製作年分：胎藏界大日如來：一四八一年；
金剛界大日如來：一四七九年
素材：木造／檜寄木造
高度：兩位尊駕皆約一百公分

金剛界大日如來

奪衣婆像

奪衣婆是日本民間信仰中的冥界鬼神，會奪取亡者衣物判斷其生前善惡。佛像前面放著貼滿磁磚般的小石桌，據說是近年由熱心信眾奉納的。

49 伊勢暴動為日本明治時期，因地稅改革而在三重縣發生的一次大規模農民暴動。影響範圍包括三重、愛知、岐阜、和歌山等。遭鎮壓之後，被處刑者達五萬餘人。

50 佛教、印度教等信仰中的地獄、冥界之主。

一年一度深夜參拜，限定兩個小時半

千手觀世音菩薩立像　林光寺

三重縣鈴鹿市神戶6-7-11
059-382-0510
近鐵鈴鹿線「鈴鹿市站」出站後，步行約十分鐘
※每年八月九日晚間十點半～十日凌晨一點開帳

關於林光寺的創建，有以下傳說。據說在七四〇年時，行基大德遵奉聖武天皇的敕願，為祈求奈良東大寺的工程能順利進行而造訪此地。途中他在樹林裡看到清泉湧現，並綻放出金色光芒，便在此創建了林光寺。

林光寺的這尊**千手觀世音菩薩立像**非常神祕，只固定在**每年的八月九日晚間十點半～十日的凌晨一點開帳**，我從很久以前就一直很想去參拜，這次終於成行了。更棒的是，八月十日這天是「四萬六千日參拜」，剛好是觀音的緣日（可供參拜的日子），據說只要在這天前往膜拜，就能一次獲得等同於參拜了四萬六千天的福報。

從八月九日的晚上十點半起，林光寺的祀堂便會舉行法會，大約持續一小時左右，現場擠滿了許多虔誠的信眾。法會之後，安置著千手觀世音菩薩的佛龕就會開門；信眾可逐一向前，用雙手把綁在觀音手上的五色細繩捧在手中並低下頭，接著，和尚就會用密教法器的劍拍打信眾的肩膀祈願。在這之後，和尚會向信眾說法約三十分鐘。

待說法結束後，信眾就能靠近其真身參拜。和尚還特別交代：「佛像的靈力很強，大家最好不要直接從正面觀看。」還真有點嚇人。為此，我只從略微傾斜的角度參拜，隱約看見祂圓潤的臉上有著沉穩的表情。這是因為佛龕頂端設有金網，同時還有深色的布簾遮蔽，無法看清觀音的尊容。除了千手觀音之外，寺內還供奉了許多不同的佛像。

一年一度的深夜參拜不但神祕莊嚴，氣氛更是特殊，推薦大家親自前來體驗。

千手觀世音菩薩立像（國家指定重要文化財）
製作年分：平安時代後期
素材：木造／檜一木造
高度：一〇八・一公分（含光背則有一百二十七公分）

大家來找碴？兩尊超激似大日如來

大日如來坐像　妙福寺

妙福寺供奉著兩尊長相超激似的大型金剛界**大日如來坐像**，常令參拜者傷透腦筋。

根據密教的說法，大日如來住在金剛界與胎藏界兩個不同的世界。其中金剛界的大日如來，手施宛忍者手勢般的智拳印；胎藏界的大日如來，則手施坐禪時的禪定印。

通常，兩尊大日如來一起被供奉時，多為金剛界和胎藏界的組合，很少會有把兩尊金剛界大日如來一同安置的情況。為什麼這裡會有兩尊金剛界的大日如來呢？這個問題至今仍然無解。兩尊佛像的大小幾乎相同，臉上有著雕佛師定朝樣式的沉穩表情。

儘管乍看之下，兩尊佛像宛如雙

三重縣鈴鹿市德居町２０４０
059-372-1261
伊勢鐵道伊勢線「伊勢上野站」出站後，開車約二十分鐘
※參拜需預約

胞胎，但只要仔細觀察（這絕不是什麼大家來找碴的益智遊戲）就能發現不同之處。

首先，儘管兩位尊駕的手印都是智拳印，但位於下方的左手則有朝外與朝內之別。此外，兩位尊駕手臂上的手環造型不同；高高盤起的髮髻也有點不一樣；就連臉型也不同，左邊這尊的臉型較圓。合理推測即便是同一間工房打造，作者應該也是不同的兩個人。

妙福寺裡除了這兩尊大日如來之外，還供有相同大小的聖觀音、略顯小型的釋迦如來。寺內的御本尊則是鎌倉時代打造的藥師如來、阿彌陀如來。兩尊都是祕藏佛像，只在每年八月八日~十二日的「藥師祭典」期間開帳。

前往妙福寺的小路儘管有些狹窄難走，但能夠一次參拜這麼多美麗的佛像，仍然令人覺得欣喜。

大日如來坐像（國家指定重要文化財）
製作年分：平安時代末期左右
素材：木造／檜寄木造
高度：（右側）一百四十八公分；
（左側）一百四十九公分

嘴邊咬著蛇、威風凜凜的深沙大將

深沙大將立像

神宮寺

鈴鹿市的神宮寺最初起源於奈良時代的天平時期（七二九年～七四九年），行基大德在在伊奈富神社境內創建的五重塔和佛堂。後因織田信長進攻伊勢而燒毀，寺院便遷移至現址。

我最喜歡的是位在本堂裡的這尊**深沙大將立像**。祂被安置在面向藥師如來的左手邊。全身以鉈雕技法打造，看得見粗糙的雕刻痕跡，佛像局部還殘留著過去塗上的紅漆和白漆。

通常深沙大將都是把蛇纏繞在手臂上，但這位尊佛像則是把蛇咬在嘴邊；胸前戴著骷顱項鍊，腹部前方還有張人臉。明明一副威風凜凜的姿態，但望上去仍充滿了莫名的喜感。

深沙大將就是《西遊記》中登場的沙悟淨。祂在玄奘法師（唐僧）前往天竺取經的途中現身，解救了在沙漠中暈倒的玄奘法師，之後更被收為徒弟，沿路保護唐僧前往天竺。

通常，為了給人「比大象還要巨大」的形象，深沙大將會穿著刻有大象頭的短褲。然而，這位尊駕的短褲上卻沒有大象，而是某種野獸的臉孔。順道一提，佛像胸前的骷顱項鍊是玄奘法師重生後遺留的頭蓋骨；腹部的人臉則是被深沙大將附身的童子。儘管有些可怖，但整尊佛像仍給人一種溫暖的感覺，充滿異樣的魅力。

三重縣鈴鹿市稻生西2-8-16
059-386-3918
伊勢鐵道伊勢線「鈴鹿賽道稻生站」出站後，步行約十分鐘
※收藏庫下雨天未開放參拜，需預約

多聞天立像

神宮寺的收藏庫裡藏有許多國家重要文化財，例如打造於平安時代的藥師如來、持國天王、多聞天王等。此外，還收藏了天平時代的經書、古文書、甚至還有弘法大師使用過的袈裟等。

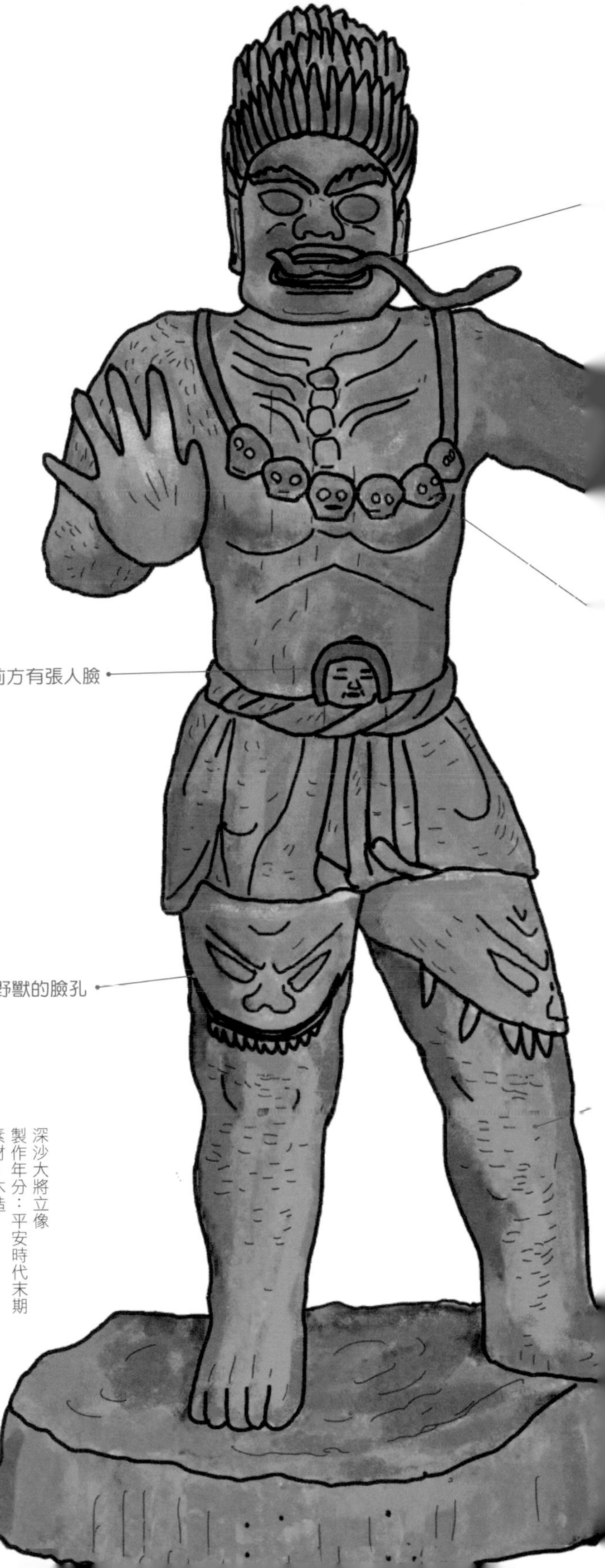

深沙大將立像
製作年分：平安時代末期
素材：木造
高度：一〇四・五公分

胎內裝有各式納品的藥師如來

藥師如來坐像

四天王寺

位於三重縣廳附近的四天王寺由聖德太子建造，據說這樣的四天王寺全日本只有四間。四天王寺裡供有一尊木造**藥師如來坐像**，名列國家指定重要文化財。

四天王寺的山門是津市的指定有形文化財，穿過山門後再過一道門，便可抵達本堂。四天王寺過去曾因戰火燒毀，後由安濃津城主（織田信長的弟弟織田信包）重建完成，因此寺內供有信長、信包母親的墳墓。除此之外，與津市有關的著名人物，例如藤堂高虎[51]的夫人、文人墓（如芭蕉文塚[52]）也被安置在此。

本堂中央供有御本尊釋迦如來，面向佛像時，右手邊的玻璃佛龕裡，端坐著面露溫柔笑容的藥師如來坐像。這位尊駕有著一張可愛的童顏，鳳眼細長；手部略小但充滿溫暖之感；身上的衣紋是刻痕較淺的設計。

更特別的是，佛像胎內原本收納了紙片、扇、櫛（梳子）、鏡、縫衣針、骰子等二十五件物品，據說這些納品早在江戶時代即被取出，現在另外保存展示。

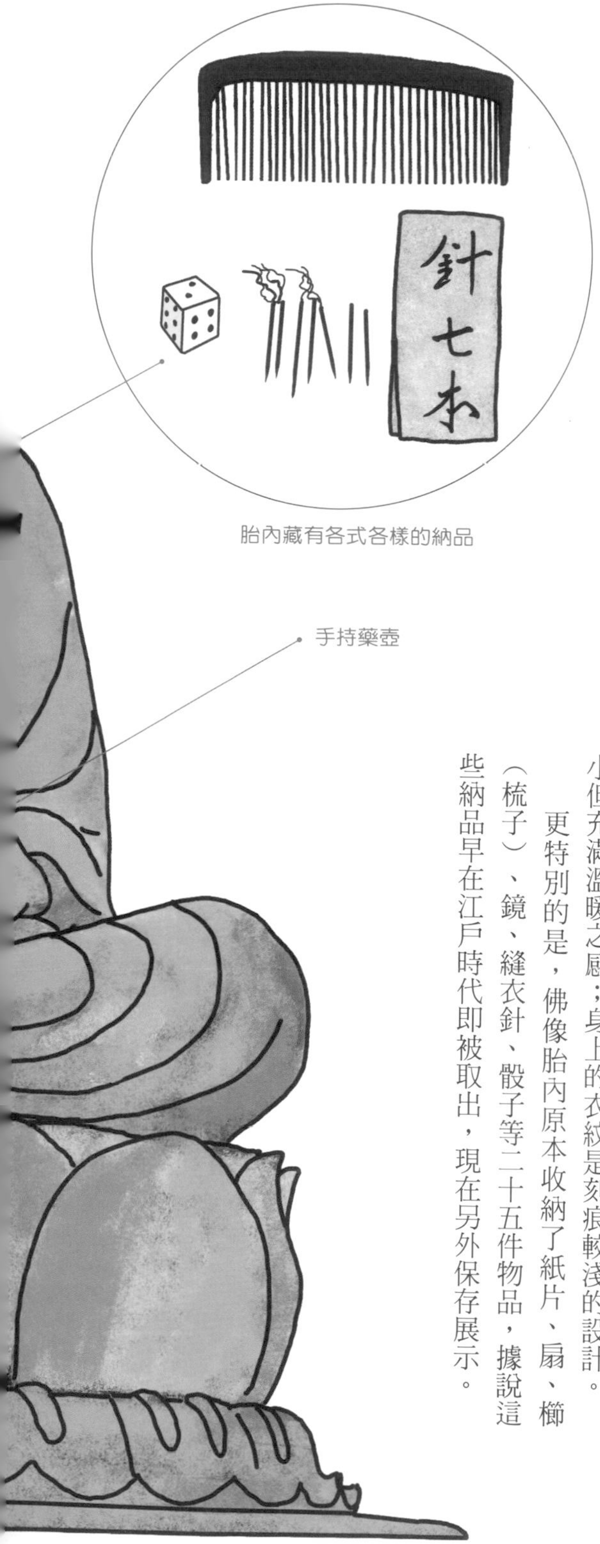

三重縣津市榮町1-892
059-228-6797
JR紀勢本線、近鐵名古屋線、伊勢鐵道伊勢線「津站」出站後，步行約十分鐘

三面大黑天像

面向釋迦如來的左手邊安置著三面大黑天像，就連織田信長也曾向其祈願。三張臉自左邊起分別是弁才天、大黑天、多聞天王。可一次得到三尊佛像的能量。

藥師如來坐像（國家指定重要文化財）
製作年分：一〇七七年
素材：木造／檜一木造
高度：六四．八公分

51 藤堂高虎為日本戰國時代、安土桃山時代及江戶時代的武將和大名。

52 松尾芭蕉為江戶時代前期著名俳人，死後葬於大阪；此處的文塚指的是埋葬作家文稿憑弔之處。

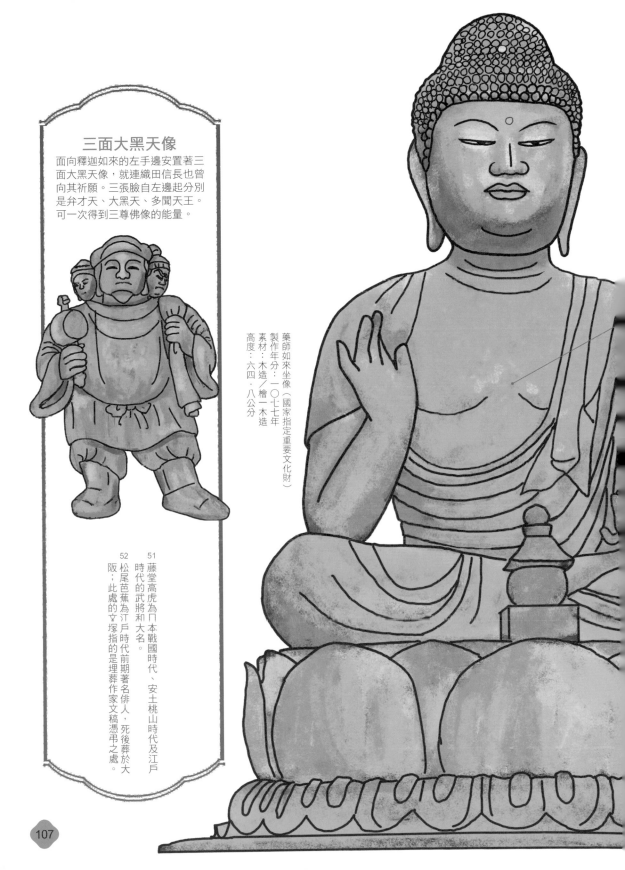

五官充滿個性的小小觀音

十一面觀音立像

瀨古集會所

這尊十一面觀音並未被供奉在寺廟裡，而是安置在三重縣津市白山町川口的瀨古集會所。為什麼要將其保存在此呢？實際上，此地原是名為高田寺的寺廟，過去曾是間占地遼闊的大寺院，卻在近代成了廢寺。高田寺的原址後來成了集會所，原本供奉在裡頭的佛像們就被安置在此了。

這些舊時的佛像由當地民眾看顧。集會所大廳略高一層的位置，排列著高度一百四十二公分的**藥師如來坐像**，以及四十七公分高的**十一面觀音立像**。

這尊十一面觀音立像是國家重要文化財。整尊佛像從頭頂至底座（連同蓮肉在內）皆為以同一塊榧木打造的一木造；中央並未挖空，雕刻完成後便直接塗上紅褐色，是一尊檀像風格的作品。**僅於每年一月十七日及八月十七日下午一～五點開帳**。

佛像方形的臉上有著略微浮腫的眼睛和嘴唇，五官充滿個性；身材短小，臀部則略顯寬大；彎著膝蓋的右腳還踮著腳尖，高高抬起後腳跟，像是隨時要向前跨出腳步似的。伸出手指的佛像很常見，但這種高高抬起後腳跟的佛像相當稀有；身上的衣飾則有雕刻得較深的線條，非常漂亮。

三重縣津市白山町川口2022
059-262-5881
JR名松線「關之宮站」出站後，步行約十三分鐘
※僅於每年一月十七日及八月十七日下午一～五點開帳

臀部略大

藥師如來坐像

瀨古集會所內供奉著藥師如來坐像。全身閃金色光芒，左手上的藥壺位置有點不太自然。會所內還供著安置了水晶的舍利塔。

十一面觀音立像（國家指定重要文化財）
製作年分：平安時代中期左右
素材：木造／榧一木造
高度：四十七公分

頭上藏有阿彌陀如來的十一面觀音

十一面觀音立像

寶嚴寺

寶嚴寺創建於八三四年，歷史相當悠久。寺裡供奉的**十一面觀音立像**，已被指定為國家重要文化財。

面向本堂的左手邊為收藏庫，裡頭安置著十一面觀音。**只要事前預約即可入內參拜**。

十一面觀音立像被獨立供奉在收藏庫裡，高度有一百六十五公分，加上底座的蓮花臺之後，看起來更加高大。真不愧是被指定為國家重要文化財的佛像，不但存在感十足，整體氣勢更是尊貴非凡。

這位尊駕原本是大村神社禪定寺的御本尊，但在禪定寺於一八七〇年廢寺之後，便被移駕至到同為真言律宗的寶嚴寺。

只見祂身材纖細，整體比例相當好；臉部有點豐腴、表情莊嚴，儘管給人全身漆黑的印象，但眉毛、嘴角上仍隱約可見色彩，嘴唇也留有一點朱紅。觀音頭頂戴著天冠台[53]，左手拿著插有蓮花的水瓶。從側面看，其身形比想像中更纖瘦。身上的衣飾有著華麗的紋路，甚至還打上了漂亮的蝴蝶結。佛像頭部有頭上臉，儘管因為漆黑而看不真切，但仍能看出各自的表情差異；頭上臉的正中央還安置了一尊小小的阿彌陀如來化佛（神佛以神通之力化作之佛形）；正後方的頭上臉則是「暴惡大笑面」，有著張嘴大笑的表情，彷彿要用笑容趕走邪惡似的，十分具有可看性。

三重縣伊賀市寺脇803
0595-52-1033
近鐵大阪線「青山町站」出站後，步行約二十分鐘
※參拜十一面觀音立像需預約

53 天冠台為寶冠底部防止移位的基座，多為布製品；也有獨立把天冠台當作寶冠佩戴的例子。

十一面觀音立像（國家指定重要文化財）
製作年分：平安時代前期
素材：木造／榧一木造
高度：一百六十五公分

頭頂安置著一尊小小的
阿彌陀如來化佛
嘴唇仍有一點點朱紅

來此一趟，有如走進平安佛博物館

藥師如來坐像 彌勒寺

彌勒寺位在可俯瞰稻田的小山上，境內種植了美麗的杜鵑花和紫陽花。天平時期聖武天皇在位期間（七三六年），由名為圓了上人的僧侶創建。

在這之後，東大寺的良弁[54]曾在此建造了大型的伽藍，後因年久失修而荒廢。現存的本堂於一九七九年改建完成，裡頭安置了許多打造於平安時代的佛像（平安佛），數量相當驚人。

堂內的聖觀音和十一面觀音為國家重要文化財；**藥師如來坐像**與**彌勒如來坐像**是三重縣指定文化財；役行者等塑像則為名張市指定文化財。走進本堂，就像是踏進博物館一般，可一次參拜許多平安佛。更棒的是，佛像前並未隔著玻璃，信眾得以近身觀賞，甚至和佛像合照。堂裡還播放著彌勒寺的介紹影片。

值得注意的是，此處明明是彌勒寺，其御本尊卻不是彌勒如來，而是藥師如來。這尊藥師如來坐像被安置在本堂正中央，臉型略大，既可愛又可靠；頭頂的肉髻較大，額頭的白毫則以水晶代替；手上拿的藥壺刻有天皇家的菊花御紋。

來到此寺可近距離參拜許多佛像，實在令人感激。

三重縣名張市西田原2888
0595-65-3563
近鐵大阪線「名張站」出站後，轉乘「往伊賀上野」或「往上野市站」的三重交通巴士，在「田原」下車，步行約七分鐘
※參拜需預約

彌勒如來坐像

這是一尊描繪在未來成為如來的彌勒如來坐像。打造於平安時代的後期，高度有127公分，以一木造技法製成。據說這位尊駕原本是彌勒寺的御本尊。

54 良弁為奈良時代的華嚴宗僧侶，東大寺的開山始祖，後世通稱金鐘行者。

藥師如來坐像（縣指定文化財）
製作年分：平安時代後期
素材：木造／一木造
高度：一百二十七公分

給予無限智慧的空海祕佛

虛空藏菩薩坐像

勝因寺

勝因寺通稱「山出的虛空藏」，廣受當地民眾信仰。在佛教用語中，「勝因」即代表「殊勝的善因」之意。勝因寺的歷史相當悠久，據說最初只是一間草庵（茅屋），現存的本堂是一九六九年時，為了耐震耐火的目的重建而成。據說弘法大師（空海）從大唐返回日本後，展開了全國修行，途中曾來到此地。當時，他為了修行求聞持法[55]而雕刻了這尊**虛空藏菩薩坐像**，成為勝因寺的御本尊。

虛空藏菩薩為祕藏佛像，平常安置在位置略高的佛龕裡，看不見其樣貌。**每年僅於一月十三日和九月十三日開帳**，開帳當天會將原本遮蔽在佛像前的窗簾打開。此外，每三十三年還會盛大開帳（最近一次是二〇一七年），屆時將舉辦法會、寺寶展等紀念活動。

虛空藏菩薩的左手拿著寶珠，右手拇指和中指則輕柔地連接成環狀；表情充滿慈愛，氣質高貴，是尊非常漂亮的佛像。值得注意的是，虛空藏菩薩被視為智慧之佛，同時也是「十三參拜」（賦予智慧給年滿十三歲的少男少女）的御本尊。

除了虛空藏菩薩外，本堂裡還供奉著二天王（仁王像）、**聖觀世音菩薩**、千手觀世音菩薩、千手觀音等，一旁的小佛龕裡也安置著地藏菩薩、不動明王、新義真言始祖的興教大師覺鑁等佛像，是間充滿寶物、萬分出色的寺廟。

三重縣伊賀市山出1658
0595-21-3559
伊賀鐵道伊賀線「上野市站」出站後，轉乘「往名張站」的三重交通巴士，在「山出團地前」下車，步行約三分鐘

聖觀世音菩薩立像

高度 153.7 公分，屬檜一木造，打造於平安時代。朱色的嘴唇在漆黑的方形臉孔上格外顯眼；腰部纖細，有著迷人的曲線。已名列三重縣指定文化財。

55 求聞持法全名為虛空藏求聞持法。又稱聞持法。即以虛空藏菩薩為本尊，而為求見聞覺知之事，能長久憶持不忘所修持之行法。

虛空藏菩薩坐像（國家指定重要文化財）
製作年分：平安時代後期
素材：木造／一木造
高度：九五・一公分

與奈良大佛齊名的盧舍那佛

盧舍那佛坐像

新大佛寺

新大佛寺位於伊賀市山間，創立於一二〇二年，最初由源賴朝創建，以作為後鳥羽法皇的敕願寺；在這之後，復興奈良東大寺，並發動募款重建奈良大佛的重源上人，於全日本七個地方建造東大寺別所，其中位在伊賀的「東大寺伊賀別所」即為新大佛寺。而為了向奈良東大寺的大佛致敬，寺名才又加上了「新」字。

爬上新大佛殿（即寶物庫）的二樓，中央有尊金色耀眼的**盧舍那佛坐像**，據說其耀眼的金身是後世修復的。所謂盧舍那佛（又稱毘盧遮那如來），是指「超越釋迦如來的宇宙真理」。由於被視為萬物的中心，常被製成巨大的佛像，奈良大佛即為盧舍那佛的代表作。

新大佛寺的這尊盧舍那佛，據說最初原為阿彌陀如來立像，由鎌倉時代的雕佛師快慶打造頭部，其他部分則是江戶時代修補，佛像頭部旁至今仍留有重源和快慶的墨筆。面向佛像時，左手邊是**俊乘房重源像**；右手邊則為僧形坐像。仔細一看，一旁的五輪板塔婆[56]上頭竟刻有許多小型佛像，教人大吃一驚。一樓則存放著以前的大佛基座「石造基壇」。

過去在新大佛殿完成前，盧舍那佛被安置在大佛殿（伊賀市指定文化財）中，裡頭還供奉著釋迦如來、十一面觀音和地藏菩薩。大佛殿後方有尊拿著劍和繩的岩屋不動，旁邊還跟隨著兩名童子。據說這尊岩屋不動原是木像，損毀後便改成以石材打造。一旁的岩屋不動堂內，還安置著木造不動尊的臉及朽壞的木造手臂。

靠近大門口的明王殿（安全祈願所）前，則供奉著白壽觀音和慈母觀音，身後排列著三十六名童子。實在是一間有許多可看之處的寺廟。

三重縣伊賀市富永1238
0595-48-0211
伊賀鐵道伊賀線「上野市站」出站後，轉乘「往Sarubi溫泉方面汁付」的三重交通巴士，在「成田山前」下車，步行約兩分鐘

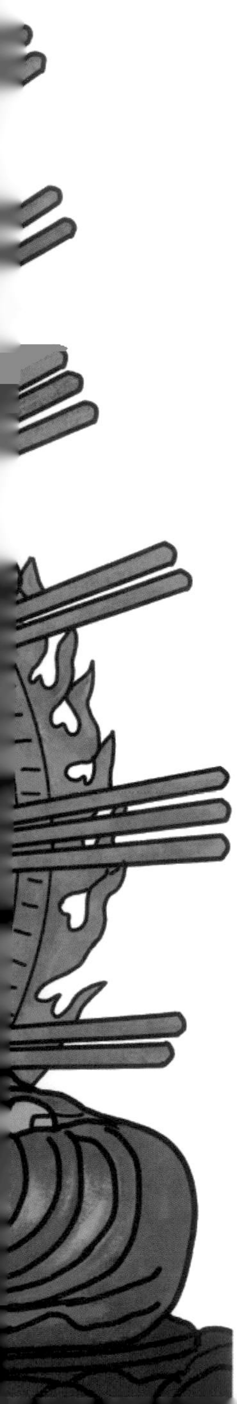

俊乘房重源像

鎌倉時代打造，名列國家指定的重要文化財。呈現重源上人下顎突出、臉和脖子布滿皺紋的高齡之姿。除了此處外，東大寺、淨土寺（兵庫縣）、阿彌陀寺（山口縣）也存有相同的重源像。

盧舍那佛坐像
（大佛如來像，國家指定重要文化財）
製作年分：鎌倉時代
素材：木造　高度：四百公分

56 五輪板塔婆為打造成五輪塔外型的板塔婆，功能為追善供奉亡者，與佛教教義中的佛塔不同，為日本獨特有的社會習俗。

不會跳舞的踊橋地藏

地藏菩薩立像　樹敬寺

三重縣松阪市新町874
0598-23-9680
JR紀勢本線、近鐵山田線「松阪站」出站後，步行約八分鐘
※參拜需預約

樹敬寺創建於一一九五年，開山始祖是重源上人，他曾為了復興奈良大佛而推動募捐。到了一五八八年，隨著蒲生氏鄉[57]的松坂城下建設，樹敬寺便從松之島城下遷移至現址，現存的本堂則重建於一九〇二年。此外，樹敬寺也是江戶時代的國學家本居宣長經常前往聆聽佛法的寺廟，境內因而供有本居宣長[58]夫妻和長男春庭夫妻的墳墓，名列國家指定史跡。寺院外圍還有十分少見的磚砌牆。

過去樹敬寺還位在松之島町時，祀堂佛龕裡便祀奉著**地藏菩薩立像**。由於這位尊駕最初被安置在松之島踊橋旁的地藏堂內，所以有了「踊橋地藏」的稱號。很多不知情的人因為祂的名字裡有「踊」這個字（跳舞的意思），常誤以為佛像呈現舞蹈之姿，事實上祂只是尊普通的地藏菩薩。只見祂五官清秀、表情莊嚴，頭部內用以固定玉眼的板條（宛木）上還寫有「一三〇六年打造」的墨筆；衣服上則有著美麗的皺褶，非常漂亮。**信眾只要事先預約即可參拜。**

樹敬寺的御本尊是阿彌陀三尊。除此之外，本堂裡還供有華麗的**馬頭觀音坐像**，以及不動明王的兩位脅侍矜羯羅童子及制吒迦童子。堂內後方安置著閃閃發光的西國三十三觀音；祀堂外則供著一尊銅造如來坐像，相當具有可看之處。

衣服上有美麗的皺褶

地藏菩薩立像
製作年分：一三〇六年
素材：木造／寄木造
高度：八十三公分

馬頭觀音坐像

這位尊駕的右腳不知道為何腳底朝外；頭上刻有馬臉，脖子上的三張臉都很圓潤，透露著年輕的氣息。表情雖然憤怒，看起來卻不恐怖，反而有些可愛。

57 蒲生氏鄉為安土桃山時代的武將。伊勢松阪城主，會津領主，信長之婿。戰國時期智勇兼備的名將之一。侍奉織田信長、豐臣秀吉兩代，立下無數戰功。

58 本居宣長為日本江戶時代的思想家、語言學家。日本國學的集大成者，與荷田春滿、賀茂真淵及其後的平田篤胤齊名。

鼻樑直挺、衣紋細緻的阿彌陀如來

阿彌陀如來立像

常教寺

三重縣松阪市白粉町465
0598-21-0022
ＪＲ紀勢本線、近鐵山田線「松阪站」出站後，步行約十五分鐘
※參拜需預約

常教寺的原址在松阪市驛部田町，一六七一年才遷移至現址，本堂則建造於一七九九年。寺內供奉著**阿彌陀如來立像**，已名列松阪市指定文化財。**信眾只要事先預約即可參拜**。

這位尊駕的鼻樑直挺、五官精緻，頭上的螺髮較大，頭頂的肉髻偏低，有著水晶鑲嵌的細長玉眼；身上的衣紋細緻美麗，整體造型帶有宋風文化的色彩。

這尊佛像原本被安置在千葉縣笹川町字只越的地藏堂內，但當地藏堂於明治末期被廢寺之後，佛像成了個人收藏，之後又輾轉被移駕至常教寺。

此外，常教寺境內的觀音堂，是松阪三十三處靈場的第七處，裡頭並排了三個佛龕。正中央的佛龕供奉著金色耀眼的千手觀音，面向佛龕的右手邊為小弁天；左手邊則是抱著孩子的**子安觀音坐像**。

鼻樑挺直的美麗臉龐

美麗細緻的衣紋線條

阿彌陀如來立像（市指定文化財）
製作年分：室町時代
素材：木造／寄木造
高度：四九．五公分

子安觀音坐像

這位尊駕輕鬆地乘坐在金色的雲朵上，此為十分罕見的姿態；懷裡的孩子手持蓮花，圓潤可愛。

手施來迎印，
阿彌陀如來的象徵

堂內掛滿亡者衣物的地藏菩薩像

地藏菩薩立像 朝田寺

朝田寺供奉的這尊**地藏菩薩立像**，自古以來便深受當地居民信仰，更有「朝田地藏」的稱號。一進入本堂，就會瞥見堂內的天花板掛滿了衣服，氣氛有點詭異。這些衣服全是信眾從家裡帶來、自己吊上天花板的，其中也包含了手帕或帽子等配件。

實際上，這種做法無關宗派，而是朝田當地的風俗習慣。為祈求故人能早日通往極樂淨土，信眾會在葬禮之後，將亡者的衣物帶去朝田寺，將之吊掛在本堂的天花板上，並在八月的地藏盆[59]法會上焚燒。據說過去其他地方也會這麼做，不過，現在似乎只剩下朝田寺仍保有這項風俗。

這尊地藏菩薩立像據說於平安時代前期，由弘法大師（空海）打造，同時也是伊勢地方最古老的佛像。這位尊駕被安置在須彌壇[60]上的佛龕內，由於位置較高，參拜時需要稍微仰頭。只見祂的嘴角微微向下撇，表情嚴肅莊重，至今還看得到當初雕塑佛像時的白色打底線。更特別的是，祂身上的衣紋有著略粗的美麗線條，胯間反覆呈現的V字型褶皺更是令人印象深刻。

面向本堂右手邊的客殿裡，供奉著為了出開帳而打造的御本尊替身佛像，以及過去曾供奉在觀音堂和彌勒堂（兩棟建物皆已不存在）的許多佛像。

走訪一趟朝田寺，真的會讓人深刻思考死後的世界究竟為何，也令人更加珍惜生命的可貴。

三重縣松阪市朝田町427
0598-51-8661
近鐵山田線「東松阪站」出站後，步行約三十分鐘

59 地藏盆為設齋以宣講、讚嘆地藏菩薩的法會。又稱地藏講、地藏會、地藏祭。原為中國自古來的風俗，後盛行於日本。

60 須彌壇為安置佛菩薩像之臺座，又稱須彌座。以木、金、石等材料作成須彌神山的形狀，上置佛像。

牡丹

朝田寺也是著名的花寺，每到春天，便可欣賞約 30 種、500 株的鮮豔牡丹；初夏有紫陽花；盛夏則是盛開蓮花。

地藏菩薩立像（國家指定重要文化財）
製作年分：平安時代前期
素材：木造／榧一木造
高度：一百六十九公分

擁有厚實肩膀的巨大觀音

十一面觀音立像 近長谷寺

近長谷寺創建於八八五年，歷史相當久遠。這是間沒有住持的寺廟，由山腳下的神宮寺主持兼任管理。

全日本有很多長谷寺，多了「近」字的長谷寺卻很少見。為什麼寺名要多加一個「近」字呢？據說在元祿年間（一六八八年～一七〇四年）重建本堂時，因為靠近伊勢的皇大神宮，所以就在寺名前加了「近」字，成了「近長谷寺」。

進入祀堂後，高及天花板的大型佛龕裡，安置著一尊必須抬頭仰望的巨大**十一面觀音立像**，魄力十足。這位尊駕屬於長谷寺式十一面觀音，左手的錫杖並未緊握，而是以輕托的方式靠在腳邊。

佛像有張略大、圓潤的臉，據說是平安時代佛像的特色，厚實的肩膀和腰部，給人相當強烈的存在感。

到了江戶時代，後人在祂的眼睛和嘴唇上塗了色彩，看久了還真有點怪異。

佛像膝蓋以下的部分被前方的檯子遮蔽，看不見其腳部。由於長谷寺式觀音大多站立在岩座上，在我好奇地詢問之後，廟方特別將檯子移開，讓我看了佛像的腳部。原來這位尊駕腳底踩的並非岩座，而是八角形的底座。過去近長谷寺也曾開放讓信眾觸摸佛像腳部以祈求庇佑，腳部因此充滿黑色光澤。但現在因為佛像腳部已有損傷，此活動便停止了。

佛龕的左右還供奉著役行者、不動明王、大黑天等，各式各樣的佛像並列。沒想到在這樣的深山裡竟有這麼多出色的佛像，實在令人感動。

三重縣多氣郡多氣町長谷202
0598-38-1117
（多氣町公所 農林商工課）
JR紀勢本線「佐奈站」出站後，開車約三十分鐘
※僅於每月十八日、星期日、公眾假日上午十點～下午三點前後；十二月三十一日晚間九點～一月一日凌晨兩點開帳

大日如來坐像

這尊手施智拳印的金剛界大日如來，被供奉本堂後方的房間裡，只要向廟方提出請求就能入內參拜。佛像高度 94.5cm，打造於平安時代。

十一面觀音立像（國家指定重要文化財）
製作年分：八八五年
素材：木造／寄木造
高度：六百六十公分

手持如意，胸膛寬闊的普賢菩薩像

普賢菩薩坐像

普賢寺

恰如寺廟之名，普賢寺裡供奉著**普賢菩薩坐像**。這位尊駕的最大特徵，便是端坐於蓮花臺，騎乘在白色大象上頭。

通常，普賢菩薩都是以釋迦如來的脅侍身分，與騎乘著獅子的文殊菩薩一起以「三尊」的形式登場，很少有單獨供奉普賢菩薩的情況。此外，過去佛教曾認為女性無法成佛，但《法華經》中曾描述普賢菩薩擁有能讓女性成佛的能力，因此廣受祈願死後能前往極樂淨土的女性信眾愛戴。

此外，普賢菩薩多半都是採取雙手合十的姿態，普賢寺的這位尊駕卻是手持說法時用的法器「如意」，十分少見。

這尊佛像如今被安置在收藏庫裡，曾在大正時代修復雙臂；進入昭和時代後，著名的佛像修復師西村公朝眼見大正時期修復的佛像手指太過纖細，便再次重製。更特別的是，這是西村公朝擔任美術院國寶修理所長後承接的第一份工作。時至今日，過去較纖細的手指仍陳列在佛像旁。

普賢菩薩全身被護摩的煙燻成漆黑，有著平肩且呈倒三角形的寬闊胸膛，十分健壯；儘管腰部內縮、看似纖細，從側面看時，卻出乎意料地厚實。祂的頭髮被綁成髮束，以雙層重疊的方式垂墜在雙耳及兩側肩膀上，是尊充滿男子氣概與神祕感的佛像。

三重縣多氣郡多氣町神坂223
0598-37-2888
JR紀勢本線「佐奈站」出站後，步行約三十分鐘
※參拜需預約

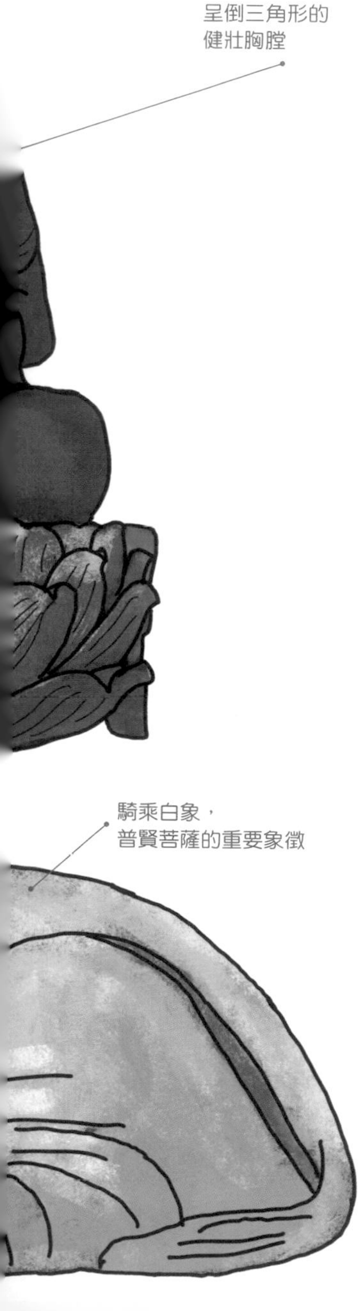

十一面千手觀音懸佛

普賢寺的本堂裡供奉了許多小型佛像。其中這尊半立體的金屬製千手觀音十分可愛。後方的手更以釘子固定在佛龕上頭。

普賢菩薩坐像（國家指定重要文化財）
製作年分：平安時代前期
素材：木造／寄木造（佛身為一木造）
高度：九十三公分

有「夫婦觀音」之稱的十一面觀音像

十一面觀音立像 田宮寺

田宮寺距離伊勢神宮約三十分鐘的車程。田宮寺起源於伊勢神宮內宮的荒木田神主，為了獻經給天照大神[61]而建立的法樂寺。儘管兩間寺廟雖然因明治時期的《神佛分離令》而分道揚鑣，但至今田宮寺對面仍有一間神社。

田宮寺本堂裡安置了御本尊**十一面觀音立像**，由於是祕藏佛像，**一年只開帳兩次**，**分別是二月十八日和八月九日**。八月九日時，當地民眾會在境內擺設刨冰、撈金魚等攤販；二月十八日則是「初觀音」，將舉辦踏火法事。

本堂的後方安置了兩尊十一面觀音的替身佛像。一般人都不知道其並非真身，若沒有當地信眾指引，大多數人都會將替身佛像誤認為御本尊。

仔細觀察這兩尊替身十一面觀音，大小幾乎與御本尊相同，兩位尊駕的外觀也十分相似，因此有「夫婦觀音」之稱。左邊這位的臉較為圓潤，十分可愛，額間沒有白毫，手臂也略顯彎曲。右邊的佛像有一張略呈長方形的臉，衣服上有細膩的皺褶，雙腳之間的衣襬上更有呈漩渦狀的「渦紋」，非常漂亮。據說一次參拜兩尊佛像，便可獲得加倍的庇佑。

三重縣度會郡玉城町田宮寺322
0596-58-8204
（玉城町公所 產業振興課）
JR參宮線「田丸站」出站後，開車約十分鐘
※僅於每年二月十八日和八月九日開帳

61 天照大神為日本神話中的治天（天的統治者），也是地神五代之一；伊勢神宮內宮天照大神宮（三重縣伊勢市）所祭之神。在神道傳統上，天照大神被奉為天皇及日本皇室的始祖。

十一面觀音立像（國家指定重要文化財）
製作年分：平安時代中期
素材：木造／檜一木造
高度：一六六・六公分

十一面觀音立像（國家指定重要文化財）
製作年分：平安時代後期
素材：木造／檜一木造
高度：一六三・六公分

身著蓮花唐草紋衣飾的地藏菩薩

地藏菩薩坐像

大日堂（舊射和寺）

三重縣松阪市射和町
0598-53-4397（松阪市教育委員會事務局文化課文化財部門）
JR紀勢本線「相可站」出站後，步行約五分鐘
※參拜需預約

這尊**地藏菩薩坐像**供奉在大日堂（舊射和寺）的收藏庫裡，名列國家重要文化財，由射和町管理。信眾只要**事先與松阪市教育委員會預約，確定射和町管理者時間方便就可參拜**。

地藏菩薩原本被安置在大日堂裡，收藏庫則在大日堂隔壁。大日堂最初位在射和町北方的字中山裡，之後才被合併並遷移至射和寺。然而射和寺後來成了廢寺，至今僅存大日堂之名。順道一提，中世紀時，射和寺曾被稱為福龍寺或是福眼寺，據說曾是伊勢國司北畠氏的祈願所。

花朵樣式的衣紋

現存於收藏庫裡的地藏菩薩，右手拿著錫杖，左手拿著如意寶珠；採玉眼技法，額間有顆以水晶製成的白毫，圓潤的臉龐上有著隱約的溫柔微笑。

乍看之下，這不過是尊普通的地藏菩薩，但當我把視線往下移，細看祂的衣服之後，簡直驚為天人！這位尊駕的衣飾上全面施以厚塗色彩的「蓮花唐草紋」，美到不行！右肩和腹部前有龍紋的圖樣；左肩則有花朵樣式的衣紋；衣領及袖口邊緣則有如同拉麵碗緣的「雷文」，就連背面也不馬虎，同樣布滿美麗的花紋，讓人看得興奮不已。

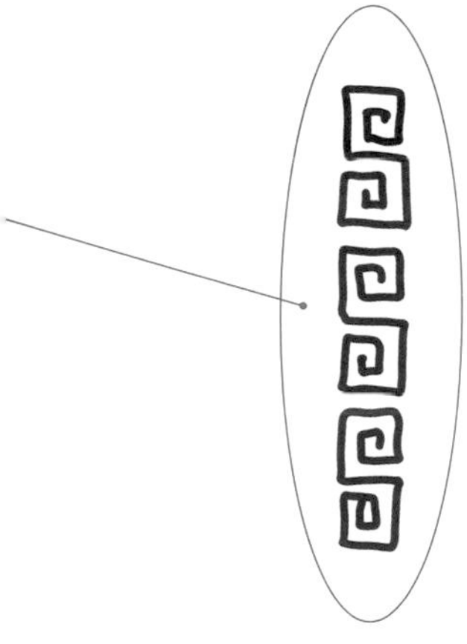

如同拉麵碗緣的「雷文」

地藏菩薩坐像（國家指定重要文化財）
製作年分：南北朝時代
素材：木造／寄木造
高度：八十四公分

三重縣

從伊勢神宮移駕至此的千手觀音

千手觀音菩薩坐像　太江寺

三重縣伊勢市二見町江1659
0596-43-2283
JR參宮線、近鐵山田線「伊勢市站」出站後，轉乘「往鳥羽水族館、御木本真珠島」的三重交通巴士，在「夫婦岩東口」下車，步行約七分鐘
※僅每年觀音火祭之日、四月二十九日、六月十五日、八月十八日開帳

太江寺位於二見浦附近，此地因夫婦岩（兩塊緊鄰似夫婦的岩石）而聞名。穿過仁王門，爬上階梯後，即可看見本堂。本堂的佛龕供奉著御本尊**千手觀音菩薩坐像**，是為祕藏佛像，**僅於每年觀音火祭之日（舊曆一月十八日前的一個星期日）、四月二十九日、六月十五日、八月十八日開帳**。每到開帳的日子，便會吸引許多祈求健康與長壽的信眾前來參拜。在燈光照射下，佛龕內的佛像別具威嚴，紅色的嘴唇更是醒目。

面向佛龕的左手邊是**多聞天王**；右手邊是不動明王；不動明王的前方則有聖觀音菩薩。

據說在七二九～七四九年間，行基大德為了復興奈良大佛而周遊各國勸募，當時的他接收了天照大神的指示，在二見浦參拜興玉神[62]後，便感應到金色的千手觀音。在這之後，行基便依照感應時所見，親手雕刻了一尊千手觀音菩薩坐像，並開創了太江寺。

太江寺內至今仍供奉著興玉社作為鎮守社（這間興玉社現在仍佇立在本堂旁）。文治年間（一一八五年～一一九〇年），伊勢神宮的神主眼見太江寺日益衰退，便從神宮內進獻了現在的御本尊千手觀音，並協助擴建寺內各堂。

據說太江寺現存的千手觀音頭部裡，便收納著當初由行基雕刻的千手觀音。信眾雖然無法親見這尊古老的佛像，卻仍能感受到從裡頭散發出來的強大靈力。

千手觀音菩薩坐像
（國家指定重要文化財）
製作年分：鎌倉時代
素材：木造／榧寄木造
高度：一百七十六公分

多聞天王像

這位尊駕戴著頭盔，左手捧著寶塔、右手拿著矛槍；臉和眼睛的比例略大，相當可愛；腳下踩踏著表情無辜的邪鬼。

據說最初由行基雕刻的千手觀音像就藏在佛像的頭部

62 輿玉神為伊勢神宮皇大神宮（內宮）的所管社及祭神。

結語

愛知縣古稱尾張、三河，自古以來便十分繁榮，由於寺院密集度位居全國之冠，當地保存了各時代的佛像，其中更有許多已被指定為國家重要文化財。此外，很多人不知道的是，以岡崎市的瀧山寺為首，愛知縣境內保留了大量與鎌倉幕府源賴朝關係深厚的慶派佛像。

岐阜縣則和福井縣、石川縣一樣，當地人篤信十一面觀音菩薩、聖觀音菩薩和阿彌陀如來，並將之視為本地佛。這些都是山岳（白山）信仰和修驗道融合之下的神佛習合產物。另外，岐阜更是江戶時代的雲遊僧人兼雕佛師圓空的出身地，為此，境內保留了數量可觀的圓空佛。

三重縣則有千年大社伊勢神宮；可一路通往和歌山熊野

三山的熊野古道也在此地，同樣擁有眾多神佛習合的佛像。另外，由於奈良縣就在附近，許多歷史久遠的古佛這裡也看得到。而在鄰接的滋賀縣比叡山延曆寺、和歌山縣高野山金剛峯寺的影響下，三重縣境內同樣殘存著為數眾多的密教佛像。

正因上述豐富的歷史變遷，東海地方才得以保留了這麼多出色的佛像。

衷心希望大家能帶著這本書，實際前往參拜東海三縣的美麗佛像。

最後，我也非常感謝購買本書的各位讀者，以及參與本書製作的所有相關人員。由衷感謝。

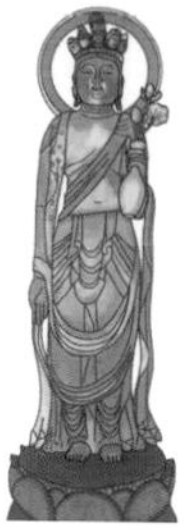

生活方舟 0028

東海佛像圖鑑

佛像圖解 × 參拜巡禮，來趟法喜充滿的心靈小旅行！

作　　者　田中弘美（Tanaka Hiromi）
譯　　者　羅淑慧
封面設計　楊廣榕
內頁設計　江慧雯
主　　編　李志煌
行銷主任　汪家緯
總 編 輯　林淑雯

讀書共和國出版集團
社長　郭重興
發行人兼出版總監　曾大福
業務平臺總經理　李雪麗
業務平臺副總經理　李復民
實體通路經理　林詩富
網路暨海外通路協理　張鑫峰
特販通路協理　陳綺瑩
印務　黃禮賢、李孟儒

國家圖書館出版品預行編目（CIP）資料

東海佛像圖鑑：佛像圖解 × 參拜巡禮，來趟法喜充滿的心靈小旅行！／田中弘美著；羅淑慧譯 . -- 初版 -- 新北市：方舟文化出版：遠足文化發行，2020.01
144 面；17×23 公分 . --（生活方舟：0ALF0028）
譯自：東海仏像めぐり
ISBN 978-986-98448-3-3
1. 佛教　2. 藝術欣賞　3. 日本旅遊　4. 日本愛知縣
5. 日本岐阜縣　6. 日本三重縣

224.6　　　　1008019020

出 版 者　方舟文化／遠足文化事業股份有限公司
發　　行　遠足文化事業股份有限公司
231 新北市新店區民權路 108-2 號 9 樓
電話：（02）2218-1417　傳真：（02）8667-1851
劃撥帳號：19504465　戶名：遠足文化事業股份有限公司
客服專線：0800-221-029　E-MAIL：service@bookrep.com.tw
網　　站　www.bookrep.com.tw
印　　製　通南彩印股份有限公司　電話：（02）2221-3532
法律顧問　華洋法律事務所 蘇文生律師
定　　價　400 元
初版一刷　2020 年 1 月

方舟文化官方網站　方舟文化讀者回函